美国家庭这样教育孩子

主　编　边　佳

副主编　章　程

编　委　常　虹　黄义林　袁玉丹

　　　　曹　涛　王　萌　王红艳

　　　　马淑霞　黄见军　周　莉

　　　　罗文君　许媛媛　冯大海

金盾出版社

内容提要

　　本书通过介绍美国家庭关于尊重、独立、品格、素质、学习、理财等八个方面的教育状况来帮助中国的年轻父母如何正确地去爱孩子。每节都通过生动而又典型的美国家庭教育实例，指出孩子需要的不是物质上的享受，而是精神上的满足。他们需要轻松愉快的心情，需要高高兴兴地学习知识。

图书在版编目(CIP)数据

美国家庭这样教育孩子/边佳主编 . — 北京：金盾出版社,2013.10
ISBN 978-7-5082-8199-5

Ⅰ.①美…　Ⅱ.①边…　Ⅲ.①家庭教育—美国　Ⅳ.①G78

中国版本图书馆 CIP 数据核字(2013)第 047115 号

金盾出版社出版、总发行
北京太平路 5 号(地铁万寿路站往南)
邮政编码:100036　电话:68214039　83219215
传真:68276683　网址:www.jdcbs.cn
封面印刷:北京精美彩色印刷有限公司
正文印刷:北京万友印刷有限公司
装订:北京万友印刷有限公司
各地新华书店经销
开本:705×1000　1/16　印张:15　字数:210 千字
2013 年 10 月第 1 版第 1 次印刷
印数:1～6 000 册　定价:30.00 元
(凡购买金盾出版社的图书,如有缺页、
倒页、脱页者,本社发行部负责调换)

第一章 关于尊重——尊重孩子是美国教育的核心

第二章　关于独立——美国家长懂得给予孩子自由

第三章　关于品格——"特立独行"的美式品格教育

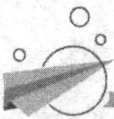

第六章　关于沟通——亲子沟通是美国家长的"大事儿"

第七章　关于学习——不看重成绩的美国家长

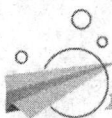

第八章 关于理财——和财富一起成长的美国孩子

第一章 关于尊重——尊重孩子是美国教育的核心

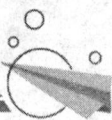

好几个同学都很羡慕我呢！
——放下"一家之主"的架子

皮特：中学生，性格直率，跟着父母在中国生活。

刘易斯：皮特的父亲，定居中国，英文教师。

刘易斯与儿子皮特是很好的"朋友"，他无论什么事都站在儿子的角度去想。

皮特有考试"恐惧症"，一到考试，饭吃不香，觉睡不着。刘易斯就告诉皮特："儿子，不就是考试吗？有什么呀？毕竟第一名只有一个。这次考试就当作是平时做作业，好坏无所谓。"

皮特会问刘易斯："爸爸，你想让我考多少分？"

刘易斯总是微笑着说："别总分、分、分的，平时只要努力了，允许考零分。"

有一天，儿子回到家里，神秘地告诉刘易斯："今天我们几个同学在一起议论父母对自己的态度，我告诉他们你平时对我说的那些话，好几个同学都很羡慕我呢。"

刘易斯得意地笑了。

美国的父母非常尊重自己的孩子，他们不会认为自己的家长地位是"高高在上"的，也没有"父母权威"的思想，总是把孩子当成平等的一分子来对待。然而，在中国，很多家长都把自己定位为"一家之主"，推崇父母权威，习惯于按自己的理想模式塑造孩子，而不管孩子的实际情况。

下面是一个男孩写给父亲的信：

爸爸：

我真的非常希望去参加班级组织的春游，但是我知道，如果当面跟您说的话，您一定会一口回绝，并且不给我争辩的余地，所以我写了这封信给您。

您总认为旅游、参加球赛、看娱乐新闻等，都是浪费时间的事情，不让我多参与，让我把这些时间花在读书上。我明白您的苦心，您希望我好好学习，以后考个好大学。可是，适当地参与一些诸如旅游等的娱乐活动，也不一定会影响学习啊！有时候还能促进学习呢！

您知道泰戈尔吗？泰戈尔12岁那年，他父亲带他去喜马拉雅山旅游。喜马拉雅山壮丽的景色深深吸引了他，他第一次获得了在空旷的大自然里自由遨游的乐趣。他和父亲在山脚下住了四个月，每天日出的时候就出门散步，然后回到屋里读一小时英文，读完后就到冰凉的水里沐浴。下午仍是读书，讨论宗教问题，晚上就坐在星空下，边欣赏高原美丽迷人的夜色，边听父亲讲天文知识。就这样，父子俩在那里整整度过了四个月的旅游生活。

这次旅游给泰戈尔留下许多终生都难忘的美好记忆，1916年，他出版了诗集《飞鹤》，真实地记录了他参与这些游览活动的感受，被评论家称为出类拔萃的诗，达到了抒情诗的最高水平。

泰戈尔对朋友谈起写作的感受时曾说："走出去，走出去，你的思想就会像宇宙一样博大，你的诗文就会像歌声一样美妙。"我也向往着像泰戈尔一样走出去！我不能像他一样走那么远，那么长时间，这也不现实，现在我就想参加班级里的春游，和同学们一起在大自然里好好玩耍一天，说不定回来以后我就能写出比以前更好的作文呢！

您在家里是一家之主，总是说一不二，我不敢当面跟您说这些，希望您看到这封信以后，可以同意我的请求。

陶　朔

5月10日

在教育孩子的方法上，信中陶朔的父亲"总是说一不二"，可见他在平时习惯于训斥、发号施令和严格地监督。在这位父亲的眼里，顺从、听话的孩子才是好孩子，他的观点和做法是对孩子最好的。但是事实往往不是这样，这种"家长制"的家庭氛围会让孩子反感，产生抵触情绪。如果孩子能像陶朔一样，积极与父亲沟通，那么事情也许有转圜余地，但是如果孩子不主动和家长沟通，那么孩子完全有可能把自己和父母隔离开来，造成"亲子对立"。

所以，家长千万不要用自己的所谓"理想模式"来塑造孩子，要在孩子面前放下架子，真正深入地了解孩子、理解孩子，找到最适合孩子的教育方法。

与孩子平等交流，知道孩子真正需要什么

家长放下架子，平等与孩子交流就是了解孩子、理解孩子的最好手段。在日常生活中，家长和孩子的交往，应该是平等和民主的，而不是独断的。作为父母，应该放下家长的架子，努力和孩子成为朋友，只有做到这点，才能理解孩子，知道孩子真正需要什么。

放下架子，按照民主的原则与孩子相处

家长一定要放下架子，按照民主的原则与孩子相处。"君君臣臣，父父子子"，在传统的观念里，父母与子女是永远不平等的，父母永远高高在上。但是，在这个新时代，家长必须摆脱这种传统观念，因为如果孩子看父母是高高在上的"统

治者"；父母看孩子则是什么都不懂的毛孩子，这样"不平等"的教育方法会让孩子从心底产生反感，破坏父母与孩子之间的亲密关系。所以，家长不要用居高临下的姿态对待孩子，应用民主的态度与孩子相处。

丢掉"家长"的身份，按照平等的原则与孩子相处

如果家长肯丢掉"大家长"的身份，做孩子的朋友，从孩子的角度来理解他们的世界，并给予引导，就会真正进入孩子的内心世界。

有很多美国的父母往往在孩子幼小的时候就自觉成为他们的朋友，这些父母与孩子说话时，总是蹲下来，与孩子处在一个水平线上，并用双手握住孩子的小手，用亲切的目光注视着他们，和颜悦色，以商量的口气与孩子说话。孩子们也似乎都很懂事，眨着眼睛，频频点头。父母应当认识到，孩子虽然年龄小，个子矮，但他们是独立的人，应当得到父母的尊重。

家长要平等地与孩子相处，用平等的身份对待孩子，与孩子建立相互信任的关系，做孩子的知心朋友。

你也一定看了我的短信了……
——尊重孩子的隐私权

美国家庭教育实例

丽萨：学校的"圣诞节公主"，美丽可爱的"万人迷"。
辛普森：丽萨的父亲，心理医生。

丽萨是学校的"圣诞节公主"。在去年的圣诞节舞会上，丽萨被大家

投票选为了"公主"，这一年来，追求丽萨的人越来越多，她的手机、邮箱经常有一些求爱的短信、信件。

丽萨的父母知道自己的女儿受欢迎，但并未干涉女儿的交友自由。

这天，丽萨着急出门，把手机落在了客厅。本来父亲辛普森没有注意，但是正巧有同学打电话找丽萨，于是辛普森接听了。他还没来得及跟对方解释自己是丽萨的父亲，就听见一个男孩说："跟你父母说好今晚不回去了吗？具体时间、地址给你发短信，希望我们有个难忘的夜晚。"

辛普森有点诧异，愣了一会儿说："好的，我会转告。"

对方听见回答似乎吓了一跳，意识到了可能是丽萨的父亲，结果没说"再见"就挂电话了。

中午，丽萨回家拿手机，看了看父亲的脸色，然后吞吞吐吐地说："爸爸，那个，你是不是接到了电话？"

辛普森点点头。

"那你也一定看了托尼给我发的那些短信了……他对我是有好感，我也是，但是我们没有逾矩，今天晚上我们是打算为好朋友庆生，去疯狂一晚上……"丽萨小声地解释。

"我没有看你的短信。"辛普森轻松地说，"那是你的隐私，没有你的同意我不会去翻看。"

丽萨惊讶地抬头看向父亲。

"你很漂亮，有人追求你是理所当然的，但我的女儿也很理智，一定知道哪些事情该做，哪些事情不该做。"辛普森微笑着说，"如果遇到一些难以抉择的事情，随时可以跟我谈谈，或者跟你的妈妈谈谈也可以。"

丽萨听了辛普森的话，感激地说："谢谢，谢谢爸爸……"

给中国父母的教育建议

该不该翻查孩子的手机，这关系到隐私权的问题。美国人非常强调隐私，

《华尔街日报》和全国广播公司曾进行过的民意调查表明，隐私问题是美国人21世纪最关注的问题，超过了对人口爆炸、种族冲突和温室效应等问题的关注。所谓隐私权，是指个体拥有隐瞒或不公开个人隐私的权利。孩子是独立的个体，当然也有这个权利，孩子不想让他人知道的秘密就是个人隐私，然而这一点在中国往往不被重视。一家媒体公布了一项调查报告，结果发现，69％的中国父母偷看过孩子的手机和日记。

在中国，很多家长会认为隐私权是大人才拥有的，对孩子的隐私权就不以为然了，因此一些家长会担心孩子"瞒人没好事"，于是总是千方百计地去"侦察"，如翻抽屉看日记、拆信件、查手机，甚至打骂训斥。殊不知这种做法会伤害孩子的自尊心，造成孩子沉重的精神压力，甚至使他们产生敌意和反抗，采取全方位的信息封锁和防备措施，导致父母与孩子关系的恶化。理智的做法是充分了解侵犯孩子隐私权的危害，尊重孩子的隐私权，给他们一个自由的空间，但并非放任自流，对孩子的隐私要给予充分的关注，积极的引导。

充分了解侵犯孩子隐私权的危害

如果把孩子的自尊心比喻为花瓶，那么他们的隐私就是瓶上的细小裂纹，所以做父母的更应细心保护好这个花瓶，不要随意侵犯孩子的隐私，因为这样做的危害很大：

第一，打击孩子的自信心。对自己能力的信心就是自信心，孩子希望有一定的独立性，希望自己的某一领域不受干预，这正是有自信心的表现。做错了事，想偷偷改；学习落后了，想暗自追上去，这也正是不丧失自信心的表现。家长轻易地破坏他们这种希望，侵犯他们这方面的隐私，就会无意中打击了他们的自信心。

第二，麻痹孩子的羞耻心。孩子因知羞耻才把某些过失、缺陷看作隐私，这些事随便被揭开、公布、宣扬，孩子起初还会觉得难堪、痛苦，以后便会麻木了。俗话说"破罐子破摔"就是这个意思。

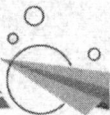

第三，削弱孩子的自省力。写日记、给好朋友写信是一种自省方式，不尊重孩子这方面的隐私，孩子就会不再重视这些自省方式，就会大大削弱他们自省的欲望和能力，妨碍孩子健康成长。

第四，破坏孩子的人际关系。孩子的一些隐私会涉及他的同学、朋友，如与朋友一起进行并非不正当但又不愿别人知道的活动，并约定保密。家长知情后，如果不小心公之于众，这便会招致孩子朋友和同学的怨恨，破坏了孩子与别人的友谊。

第五，削弱孩子与亲人的亲密关系。孩子的隐私常被侵犯，家长又不善于补救，其结果必定是孩子对父母反感，不信任。一旦双方形成隔阂，再对孩子进行有效教育就困难了。

主动以平等的态度与孩子多交谈

家长可以主动以平等的态度与孩子多交谈，谈自己在与他同龄时的一些所思所想、成功和挫折，甚至谈一些当初的隐私，谈家长对事物的看法和想法，倾听和征求孩子的意见和建议，使自己成为孩子可以信赖的朋友。一段时间后，孩子会愿意把自己心中的秘密告诉父母，这样才能了解和掌握孩子的隐私，给予必要的指点和教育。

培养孩子的自我教育能力

如果家长获取了有关孩子隐私的信息，即使有些越轨和不良倾向，也不必大惊失色、殴打辱骂，可以与孩子一起讨论理想、事业、道德、人生观、价值观等问题，引导孩子自己悟出为人处世的真理，提高孩子按规范要求调整自己行为的能力。有了这种自我教育能力，一些隐私中的危险倾向，都有可能自我解决。

不应纵容孩子把隐私扩大化

家长既要尊重孩子的隐私，同时也要小心孩子打着"隐私"这个幌子拒绝家

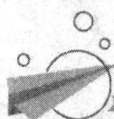

长的监督、保护和教育。不可否认，有时孩子的隐私中可能包含某些不良行为，家长要既尊重又巧妙地引导、教育，争取孩子的信任。

某全国重点中学的一个学生，还是班长，成绩甚佳。他的父母听信了什么专家的话，说是要尊重孩子隐私，从来不进孩子的房间，结果有一天警察突然来家里搜查，打开孩子房门一看，床底下堆满了孩子偷来的照相机、录像机之类的东西，原来这孩子利用双休日偷东西已经有一段时间了。因为家长尊重他的"隐私"，他的房间成了窝藏赃物的天堂。

所以，家长不应该纵容孩子把隐私扩大化，家长应该明白，哪些是隐私，哪些不是隐私，避免一些孩子以隐私权为口实来学坏。

爸爸，我们在这！
——给孩子一个属于他们自己的私密空间

美国家庭教育实例

拉尔夫和斯科特：兄弟俩，幼儿园，都有点淘气。
凯文：两个孩子的父亲，木工。

"拉尔夫！拉尔夫！"
爸爸凯文推开拉尔夫和斯科特兄弟房间的门，一个人都没有。这两个淘气包跑哪儿去了？

凯文在房间里转了一圈，浴室、客厅、卧室、厨房还有阳台都没有，凯文决定再去花园里找一找，说不定他们俩在那儿玩呢。

花园里空荡荡的，连个人影都没有。

凯文开始着急了。

"拉尔夫！斯科特！"凯文大声喊了起来。

忽然，从花园的一个角落里露出了两个小脑袋，"爸爸，我们在这！"

"哦，天哪，躲在这儿。"凯文松了一口气。

只见两兄弟躲在墙角，用纸箱遮挡着搭了一个三角形的小"帐篷"，躲在里面玩沙子呢！

两兄弟把凯文拉了进去，然后用纸箱把他们遮起来，三个人躲在狭小的"帐篷"里。

"怎么样，有趣吧？"拉尔夫高兴地问凯文。

这以后的几天里，两个小家伙总是跑到花园的"帐篷"里玩，一玩就是一个小时，两人有时还躲在沙发和墙壁的空隙里玩。

这是怎么回事？兄弟俩如果要玩沙子，花园里哪儿都是啊，为什么非要挤在角落里，还要躲起来玩呢？

凯文尝试着解开这个谜。他开始动手改造拉尔夫和斯科特的卧室，他在卧室靠墙搭了一个简易的帐篷，然后用花布帘子把帐篷的正面遮住。兄弟俩果然爱上了这个地方，两个人开始将玩具搬进去，每天都要玩上一阵！感觉非常甜蜜。

孩子们原来就是想要一个安静又隐蔽的小空间！仅此而已。

给中国父母的教育建议

孩子们很喜欢玩"躲猫猫"的游戏，他们把自己藏在柜子里，不肯出来，是因为他们喜欢有自己的私密空间。柜子、箱子等恰好满足了他们的这种需要。有些时候，他们喜欢在里面玩，完全沉浸在自己的世界里，不被外界所打扰。美国

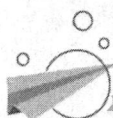

家长往往会尊重孩子的这种心理，主动为孩子创设一个安全的私密空间！

给孩子辟一处自由活动的场地

有自己的活动场地，对孩子的身体和心理的健康发育而言，是一个极其重要的前提条件。只有在自己的空间里，孩子才会获得必要的安静，有足够的场地供其玩耍（如让搭好的积木较长时间地摆放在那里），孩子熟悉自己的东西，知道它们放在哪里，经常地使用它们。只有在这里，孩子才能建立起属于自己的"王国"，然后通过它逐步地熟悉周围的远近空间。

条件稍好的家庭，可让孩子有一间小居室，条件有限的家庭，也可以让孩子的活动空间包容在成人居室之内，总之孩子应有一处独辟的能自由活动的场地。那么，孩子的房间应该如何装饰和应有些什么呢？

家长可以除粉刷墙壁或粘贴壁纸以外，再贴一些卡通图案，如小动物、花卉、数字块、字母块、几何图形等，还可挂一块塑料写字板，让孩子随意写画。矮书柜或移动开放式书架是必不可少的，为使孩子生活有序，可将孩子喜欢阅读的画册放置在矮书柜或移动开放式书架上，便于拿取，养成他们用完放回原处的习惯。

家长还可以给孩子准备一个玩具箱，将玩具统一存放保管起来，并要注意洁净，定时除尘或洗涤，不要让玩具藏污纳垢。在玩具箱附近可配备一个小工具箱，让孩子模拟修理玩具。

房间内可配一只小型晶体管收音机或单放机，供孩子收听儿歌、童谣、歌曲和故事。多陈设一些幼儿的"伙伴"，如娃娃、玩具枪械、积木、棋类、拼图、车船及电话玩具，乐曲、机器人、变形金刚等。房间还应配有石英挂钟，或小型台式座钟，或玩具造型闹钟。这些计时装置是为了让孩子从小就认识钟表，明白如何计时，从而产生严格的时间观念，珍惜时间、把握时间，学会合理安排生活。

安全永远是第一

在孩子的私密空间里，安全是重中之重，因为孩子在自己的空间里往往是

独自玩耍，没有大人的看护，所以家长一定要保证这个地方的安全性。比如，房间的灯、落地扇等的电线要放置妥当，避免孩子绊倒而发生烫伤或触电事故；地板表面要防滑、保温、结实，最理想的是铺上软木板或纺织地毯；门窗应设护栏，把百叶窗的拉绳弄短……

不要阻止他，让他享受吧!
——不要给孩子太多的限制

美国家庭教育实例

王琴：美国留学生，上学之余做婴儿保姆赚取生活费。

科尔夫妇：普通的美国夫妇，育有两个孩子。

一位叫王琴的留学生为姓科尔的一对美国夫妇带一个不满周岁的孩子，那孩子老是把大拇指放在嘴里吮吸，王琴总是把孩子的手指拔出来。科尔夫人惊讶地说："怎么了，他并没有妨碍你呀! 不要阻止他，让他享受吧。"王琴很奇怪，说："吮手指不卫生，你不怕孩子染上疾病?"她说："正因为这样，你应该多给孩子洗洗手。"为了说服王琴，科尔夫人还告诉她，她的第一个孩子吮手指一直持续到上小学，他们夫妻俩从来没有干涉过，直到孩子自己觉得这不再是一种享受为止。

一次，王琴陪孩子看连环画，那孩子老是把书往嘴里塞，她又加以阻止，科尔夫人立刻说："没关系，这书是用棉布做的，能洗，你就让他啃吧!"王琴仔细一看，果然，纸张是由厚厚的布做的，咬不破，撕不坏。科尔夫人说："美国有的书被一咬一抓还会散发出食物的香味，引起儿童更大的兴趣。为了给予孩子用嘴撕书的享受，有人正试验一种能吃下去的书，又香又甜，又有营养。你们中国人对孩子限制太多，不许这样，不许那样，这不利于个性的发展。我们美国的孩子从小就自由地发展，个性强，胆子大，敢冒险，这样才好。"

"我同意你的观点，但总应该让孩子对错误的做法有所约束吧？如撕书，这不是一个好习惯。"王琴肯定地说道。

科尔夫人连连摇头，"对 1 岁以内的孩子提这样的要求显然太高了。如果你能使他理解书是什么，那么你才能要求他不撕书，如果你没法让他理解这一点，却用强制的方法阻止他，这就是不明智了。我们既要让婴儿看书，又不怕他撕书，所以，就创造出了这种布做的书。"王琴听了，无言以对。

给中国父母的教育建议

许多中国人都像实例中的王琴一样，在教育孩子方面有着根深蒂固的中国式思维，但是这种思维有一部分是错误的。在美国的家庭教育中，有三句话非常经典：

第一句：Stand behind, do not push. 可以译为：站在孩子的后面，不要代替孩子选择。在美国，父母给予孩子绝对的自由去选择他们的道路，使孩子真正变成社会人是美国家庭教育的最终目标，正是这个目标使孩子拥有了许多中国孩子没有的权利。

第二句：To enter the room, key is more useful than your help. 可以译为：交给他们开门的钥匙比带他们进入房间更为合适。交给孩子开门的钥匙，是美国教育界基本的一种共识。父母、教师不会给孩子灌输某种既定的规范，而是每个孩子都可以根据自己的价值观去选择，教育的重要职能在于引导他们怎样进行选择。

第三句：Have a try. 意思是："去试试"。父母在给予孩子选择的自由的同时，鼓励孩子"付诸行动"，坚信实践能缩短认知与行为的距离。父母永远静然地站在孩子身后，给予信心，强调对待孩子应"用你的眼睛去观察"。无论何时，父母的双眼总是反映出：我理解你并且爱你。

这三句经典的话透露出美国教育的核心：不过分限制，给予孩子充分的自由。中国家长在这方面要做出怎样的改进呢？

把选择的权利真正交给孩子

中国家长尤其要注意，不要过分限制孩子的自由，或是总替孩子作决定，无论大事还是小事，家长都要给孩子选择的权利，不要因为怕孩子自己选择错了，总是不敢真正把权利交给孩子。

童童平时有决定自己事情的权利，如每天吃什么穿什么，自己的学习时间安排等，爸爸妈妈也放手不管，由得他去。

这一年，童童要考高中了，在填报志愿的时候，他对妈妈说："我想填报自己喜欢的职高计算机专业。"

妈妈摆出了一个母亲的权威，说："你还小，不知道什么才是正确的选择，一张本科文凭是多么重要！上高中，然后考大学，别上职高。"

童童急了："我不是一向都有自己选择的权利吗？"

"一些小事你可以自己选择，但填志愿可是大事，关系到你的未来、你的人生，必须得听我的。"

很多时候，家长容易犯童童妈妈一样的错误，"假民主"、"假自由"，特别是在面对"人生大事"的选择时，家长很容易变得固执己见，不信任孩子的选择。家长要摆正心态，不要认为"我吃的盐比你吃的饭还多"就强硬要求孩子服从自己的选择，且不说孩子的选择也许才是正确的，就算是孩子的选择略显幼稚，家长也应该多和孩子讨论，和孩子一起结合实际情况进行分析，在最后的时候仍然要把选择的权利留给孩子。

适当约束孩子的自由

给孩子自由不等同于"完全放手"，应针对孩子的年龄、性格，有一定的限制和约束。在给予孩子选择权的时候，父母要事先进行限制，孩子越小的时候越需要如此。比如，让孩子自己挑选玩具，如果父母不想让他挑选太贵的，那么就要限制孩子在一定的价格范围内选择，如果给予孩子过于宽泛的自由选择权和决定权，结果又不同意他的选择，那么就会收到负面的教育效果。

对不起，妈妈……
——尊重孩子的"犯错权"

美国家庭教育实例

查理：9岁，以前总是逃学，撒谎，现在已经"改邪归正"。
雪莉：查理的妈妈，温柔善良，宽容大度。

查理9岁了，因为家离学校比较近，所以雪莉就让他自己去上学。但是，好动的查理不喜欢学习，他更喜欢玩耍，有时候会跑到学校外边，在田野，在小河里与一些孩子玩耍。慢慢地他养成了逃学的坏习惯。但是为了逃避惩罚，每一次都向妈妈撒谎："我今天上课特别认真。"

一次，姑姑邀请他们去做客。那里靠近海边，查理还从来没有见过大海，非常高兴。但是，雪莉告诫他不要单独到海边去，那里很危险。"我不会去的，妈妈。"当然，查理又在撒谎。当妈妈与姑姑说话的时候，他一个人溜了出去，来到了海边。

"好漂亮的大海啊！"

"你想跟我们一起去划船吗？很好玩的。"一个卷头发小男孩对查理说道，"但你必须送给我一件礼物。"

"真的吗？我可太高兴了！这个弹力球怎么样？"查理问小男孩。他已经把爸爸妈妈的告诫抛到了脑后。

"好吧，上来吧！"小男孩同意了。

船很快就离开了岸边。不一会儿，开始起风了，但他们中间没有一个人能控制住这条船。突然，一个巨浪掀翻了小船，他们全都掉进了水里。

这时候，查理想起了自己的妈妈，想喊"救命"，但妈妈怎么能知道呢？因为他的妈妈还以为他会很安全。就在这时，渔民看到了他们，立即将落水的孩子救了上来。有人落水的消息，很快就传到了雪莉那里，她来到了查理的身边，焦急地看着她的儿子。苏醒后的查理，看到妈妈担心的样子，后悔地说："对不起，妈妈，我撒了谎，但我保证，以后再也不会了。请你原谅我！"查理对自己的行为感到非常抱歉。

雪莉原谅了他。从那以后，他再也没有犯过同样的错误。在学校里，他遵守纪律，认真学习，这也许就是那次落水的经历带给他的变化。

给中国父母的教育建议

在中国父母看来，孩子犯错就等于变成坏孩子的开始，因此对孩子的每次犯错都严厉克则。但是美国妈妈们却会尊重孩子的犯错权，允许孩子犯错，并会借此机会，培养起孩子的正确行为。

原谅孩子，尊重孩子犯错的权利

孩子记住父母的忠告需要时间，反省需要时间，改变也需要时间……作为父母，在孩子犯错后，要首先本着原谅的态度来对待孩子。上面的教育实例中，如果雪莉大声斥责、严厉惩罚查理，那么难保查理不会起逆反心理，做出更为恶劣的事情来。所以，父母要本着一颗宽容的心来对待孩子，尊重孩子犯错的权利，给孩子改正错误的机会。

一天中午，埃德蒙先生刚到厅门，就听见楼上的卧室有轻微的响声，那种响声对于他来说太熟悉了，是阿马拉小提琴的声音。

"有小偷！"埃德蒙先生快步冲上楼，果然，一个大约13岁的陌生少年正在那里摆弄小提琴。

他头发蓬乱，脸庞瘦削，不合身的外套里面好像塞了一些东西。毫无疑问他是一个小偷。埃德蒙先生用结实的身躯挡在了门口。

这时，埃德蒙先生看见少年的眼里充满了惶恐、胆怯和绝望。那是一种非常熟悉的眼神。刹那间，让埃德蒙先生想起了往事……

愤怒的表情顿时被微笑所代替，他问道："你是丹尼尔先生的外甥琼吗？我是他的管家。前两天，丹尼尔先生说你要来，没想到来得这么快！"

那个少年先是一愣，但很快就回应说："我舅舅出门了吗？我想先出去转转，待会儿再回来。"

埃德蒙先生点点头，然后问那位正准备将小提琴放下的少年，"你也喜欢拉小提琴吗？"

"是的，但拉的不好。"少年回答。

"那为什么不拿着琴去练习一下，我想丹尼尔先生一定很高兴听到你的琴声。"他语气平缓地说。少年疑惑地望了他一眼，但还是拿起了小提琴。

临出客厅时，少年突然看见墙上挂着一张埃德蒙先生在歌德大剧院演出的巨幅彩照，身体猛然抖了一下，然后头也不回地跑远了。

埃德蒙先生确信那位少年已经明白是怎么回事了,因为没有哪一位主人会用管家的照片来装饰客厅。

那天黄昏,回到家的埃德蒙太太察觉到异常,忍不住问道:"亲爱的,你心爱的小提琴坏了吗?"

"哦,没有,我把它送人了。"埃德蒙先生缓缓地说道。

"送人?怎么可能!它不是你生命中不可缺少的一部分吗?"埃德蒙太太有些不相信。

"亲爱的,你说的没错。但如果它能够拯救一个迷途的灵魂,我情愿这样做。"看见妻子并不明白他说的话,他就将经过告诉了她,然后问道:"你觉得这么做有什么不对吗?"

"你是对的,希望真的能对这个孩子有所帮助。"妻子同情地说道。

三年后,在一次音乐大赛中,埃德蒙先生应邀担任决赛评委。最后,一位叫里特的小提琴选手凭借雄厚的实力夺得了第一名!评判时,他一直觉得里特似曾相识,但又想不起在哪里见过。

颁奖大会结束后,里特拿着一只小提琴匣子跑到埃德蒙先生的面前,脸色绯红地问:"埃德蒙先生,您还认识我吗?"

埃德蒙先生摇摇头。

"您曾经送过我一把小提琴,我一直珍藏着,直到有了今天!"里特热泪盈眶地说,"那时候,几乎每一个人都把我当成垃圾,我也以为自己彻底完了,但是您让我在贫穷和苦难中重新找到了自尊,心中再次燃起了改变逆境的熊熊烈火!今天,我可以将这把小提琴还给您了……"

里特含泪打开琴匣,埃德蒙先生一眼瞥见自己的那把阿马拉小提琴正静静地躺在里面。他走上前紧紧地搂住了里特,三年前的那一幕顿时重现在埃德蒙先生的眼前,原来他就是"丹尼尔先生的外甥琼"!埃德蒙先生眼睛湿润了,少年没有让他失望。

宽容是一种力量，有时候，对于孩子犯下的错误，宽容比训斥更有力量，更能促进孩子向好的一面发展。

承认错误的孩子就是好孩子

哪个孩子不犯错？对于犯错的孩子来说，敢于承认错误，并且承担后果，那么就还是一个好孩子。

乔治·爱伦从爸爸那里收到了他的新年礼物，那是一枚闪亮的银币。这正是他需要的，因为他有许多东西要买，他的愿望就要实现了，心里很高兴。

刚刚下过了一场雪，地上的雪还没有融化，阳光轻柔地照在地上，所有的东西都变得明亮了。乔治拿着他的银币上街去了。

刚出家门，乔治就被伙伴们拉着去打雪仗。

乔治攥了一个很大很硬的雪球使劲向詹姆士·梅森掷去，但是狡猾的詹姆士·梅森躲过了雪球，雪球飞向了他身后的窗户。只听"啪"的一声，碎玻璃落了下来。

乔治因为害怕，就飞快地跑开了。但是没跑多远就停了下来，他为自己所做的坏事受到了良心的谴责。他知道，逃避责任不应当是一个男子汉所做的事。他决定回去，用自己那唯一的银币来补偿打碎的玻璃。

他按动了门铃，从屋子里出来一位先生，乔治说："先生，是我刚才把您家玻璃打碎了，非常抱歉，但我并不是故意的，希望您能原谅我。"说着，他把自己那仅有的一枚银币拿了出来，然后把它递给那位先生说："这是我父亲给我的新年礼物，希望它能够赔偿您的损失。"

这位先生接过了钱说："你还有钱吗？"

乔治说："没有了。"

那位先生却说："你会有更多钱的。不过你能告诉我你家的住址吗？"

乔治告诉了他。

回家后，当父亲问及他是怎么花那个银币的时候，乔治把白天发生的事情如实地告诉了父亲。

吃完晚饭，父亲让乔治去看他的帽子，乔治在他的帽子里发现了两枚银币。原来那位先生是一名非常富有的商人，他不仅把乔治的那枚银币退了回来，还另外送给他一枚银币。这件事情并没有结束。没过几天，那位先生又来找乔治的父亲，希望能得到他的允许，因为他的店需要一个帮手，他认为乔治是最好的人选。

做了错事，只要敢于承认就是一个高尚、正直的人。只要孩子拥有认错精神，那么家长就应该原谅，甚至给予赞许。

换个方式改变孩子的不良行为

孩子犯错后，有时候不需要用硬性的规矩来约束他们，要求他们改变，巧妙地换个方式，也可以收到很好的效果。

有一位牧师，奉派到新教区，他发现前任牧师种了数百株郁金香。然而在附近学校上学的学童走过花园，见花便摘。于是，每天早上学童走过时，他都站在花园里。

有个学童问他："我可以摘一朵花吗？"

牧师问："你要哪一朵？"

那孩子选了开得最美的一朵郁金香。

牧师接着说："这朵花是你的。要是把它留在这里，它过很长时间也不会凋谢。现在你要采摘拿走，它只能活数小时。你想把它怎么样？"

孩子想了一会儿说："我要把花留在这里，过一会再来看它。"

当天上午，有十多个孩子都在这里选择了他们想要的花，但每个人都同意把选中的花留在园里，免得过早凋谢。那年春天，牧师送出整个花园的花，但一朵花都没有被摘掉，他还结交了大批小朋友。

孩子有犯错的权利，犯错之后该怎么办呢？家长可以独辟蹊径，试一试换个方法，说不定可以收到意想不到的好效果。

妈妈，你误会了！
——勇于向孩子道歉

美国家庭教育实例

艾德里：喜欢生物学，立志当一个科学家。
朱莉：艾德里的母亲，家庭主妇。

有一天，小艾德里在河边玩耍，忽然发现岸边躺着一只从上游冲下来的死狗，已经被水浸泡得有些臃肿，甚至还有一点腐臭味。小艾德里高兴极了。要知道，平时喜欢解剖的他，只解剖了一些小虫子、小鸟和小老鼠之类的小动物，远远不能满足他的需求。而最近，他刚从一本生理书里学到了介绍狗身体的内部结构的知识，正想试验试验呢，没想到上帝成全他，就让他碰上了一只死狗。

于是，小艾德里费了九牛二虎之力，把死狗拖了上来，放在一个干燥的地方，掏出随身携带的小刀就解剖开了。他一边干着，还一边掏出小本本，在上面记录着什么。他干得很认真，忘了时间，忘了回家吃饭。

母亲朱莉在家里等急了，只好出来四处寻找。这时，一位熟人告诉她，小艾德里正在河边玩一只死狗，弄得满地非常脏。说完，那人还做出恶心的样子，并瞪了小艾德里的母亲一眼，意思是说：你是怎么管教你的儿子的。

朱莉一听，气得火冒三丈。她跑到河边，看到了儿子果然像那位熟人描述的一样。她一边跑来一边大声斥责儿子："天啊，你把谁的狗打死了？你怎么能这样对待别人家的狗？这是不能容忍的。"

"妈妈，你误会了。"蹲在狗身边的小艾德里站起来辩解道："这根本不是我打死的，它是从河上游漂下来的。你看，它身上都有臭味了。"

"那也不行。你看你把狗弄得多脏！满地都是五脏六腑，太恶心了。你怎么这样不讲卫生？"朱莉余怒未息。

"妈妈，我这是在解剖狗呢。你看，我把狗的内部结构都弄清楚了，还记下了不少数据呢。"

朱莉仔细一看，顿时感到自己太鲁莽了。儿子既没有打死狗，也不是为了玩死狗，他是为了解剖这只狗啊。儿子平常就喜欢解剖动物，这是一种强烈的求知欲和科学探索的精神，不是曾经得到家里的大力支持吗？自己怎么能不分青红皂白就骂孩子呢？

"对不起，孩子。妈妈误会了你，你做得对。妈妈保证以后再不干涉你做实验了。"

看到母亲亲切的目光，小艾德里笑了，继续进行他未尽的实验。

给中国父母的教育建议

美国父母在教育孩子的过程中也会犯错，但是一旦他们意识到自己错了，就会像艾德里的母亲朱莉一样，向孩子道歉，请求孩子的原谅。但是，许多中国父母总是碍于面子，即便是自己错了，还是硬撑着、扮强势，不肯低头认错。其实，向孩子道歉，不但无损父母的权威，还能让孩子感受到平等的家庭氛围，感受到以身作则的教育力量，更有利于孩子的成长。那么，家长该怎么向孩子道歉呢？

年龄不同，方法不同

相对于年龄小一点的孩子来说，父母其实不用讲太多的道理，只要用一些行动，如手势、表情、做法等，很自然就可以让孩子知道在这件事上，父母做错了，而且父母在向他们道歉，并不需要说太多的话。但是对于年龄大一点的孩子来说，父母向他们道歉，不仅仅要说"对不起"，还必须向他们讲明这件事错误的原因——为什么做错了，这也是一种间接教育的方法。

注意道歉的态度

父母道歉的态度也是很重要的，不能太过于生硬，或者轻描淡写。这些错误的态度，即使道歉了也不能挽回什么，只会加深误解，因为年龄大的孩子能明显感觉到父母态度的不同，意识到父母是在敷衍。因此，父母应用真诚的态度来道歉，不要碍于面子或者身份，不愿意对自己的孩子道歉，或者只是略微地说一下。比如，父亲撞到儿子，这时候，父亲与其说"我不是故意的"，倒不如真诚地对他说"对不起，儿子，我撞伤了你"。父亲这时候大大方方的道歉比不真诚的辩解更能够得到儿子的尊重。

另外，有的父母开朗、豁达，能很轻松地向孩子道歉，有的父母可能内向、拘谨一些，不容易表达出自己内心的歉意。这时，家长就可以采取一些其他方式，比如，准备一个本子，平时跟孩子敞开心扉，传递感情，错了的时候用来传递自己的歉意；还可以给孩子写一张小纸条或者一封信来向孩子道歉；也可以用实际行动来弥补过失表达歉意，如遗忘了对孩子的承诺，在下次承诺时一定要慎重。

学会跟孩子道歉，真诚的道歉会使受到委屈的孩子的心灵得到安慰，会让孩子感觉到自己拥有一对真诚、可信赖的好父母，家长和孩子就会有一个良好的亲子关系。

我 不 去！
——让孩子充分表达自己的想法

美国家庭教育实例

桑切斯：小学生，棒球队队员。

亚当斯：桑切斯的父亲，汽车 4S 店主管。

又到了一年一度的棒球比赛季节，对于参加比赛的孩子以及家庭来说，这都是一个非常重要的时候。桑切斯今年要代表自己的小学参赛，父亲亚当斯决定明天全家人都去比赛场为桑切斯加油。

第二天一大早，父亲就把全家人叫醒了，催促大家赶紧收拾行装去看桑切斯的比赛。桑切斯的妹妹名叫香奈尔，她一点都不喜欢棒球，她感兴趣的是柔道。出发前，香奈尔对大家说："我不去！"父亲听了非常生气，对着香奈尔大发脾气。

最后，香奈尔还是勉强去了，可从比赛开始至结束回家，香奈尔一直闷闷不乐，和大家也不说话。大家都知道是怎么回事，可谁也不敢冒犯父亲大人的威严。

父亲亚当斯开始反省自己，他站在香奈尔的立场上考虑问题，自己开始是希望一家人高高兴兴地去给桑切斯加油，可却完全没有尊重香奈尔的想法，独断专行。

第二天全家人围坐在一起吃早饭，亚当斯平生第一次对孩子说抱歉，承认了自己的错误，表示自己不该强行让香奈尔观看她不喜欢的运动项目。香奈尔从此变得开朗、高兴起来，全家人一起在餐座上畅所欲言。桑切斯说他根本不想去学围棋，他更愿意去参加学校的射击队或划艇队，可父亲硬强迫自己去；香奈尔说自己喜欢穿粉色的裙子，可父亲却总是说绿色的好看。直到这个时候，亚当斯才明白，自己平日里有多么的武断！

给中国父母的教育建议

家庭生活中，家长常常会有意无意地变得很专断，总是轻易地认为孩子不会有什么意见。在此过程中，即使家长暂时成功地实现了自己的意志，但孩子会变得无精打采、郁郁寡欢，这就是他们报复家长的方式。

因此，当家长想做任何决定的时候，不妨多问一问孩子的想法，让他们发表自己的意见，他们会觉得父母是多么的关心、尊重他们。即使最后做决定的依然是家长，一点表达的机会对于孩子来说，已经足够他们欣喜若狂的，他们会觉得自己长大了，受到了父母的尊重。

对孩子的意见要表示理解和尊重

美国总统富兰克林出生在一个民主的家庭中，他们住在纽约美丽的哈德逊河谷的海德庄园里。小时候的富兰克林与外界没什么接触，但是，他却在庄园里玩得很开心。

幼年的富兰克林非常幸运，妈妈总是非常尊重他的意愿和想法。在一些非原则性的问题上，妈妈只是给富兰克林提些建议，她完全尊重富兰克林自己的意愿和想法。这不仅促进了富兰克林与妈妈之间的关系，而且使富兰克林从小就非常有主见。

富兰克林长着碧蓝的大眼睛，鼻梁挺拔端正，一头金色的卷发，很招人喜爱。妈妈很喜欢富兰克林这头漂亮的卷发，并喜欢用各种服装来打扮年幼的富兰克林。但是，妈妈为他选择的衣服，富兰克林却并不喜欢。

有一次，妈妈想说服富兰克林穿苏格兰短裙，富兰克林又拒绝了妈妈的好意。最后，富兰克林和妈妈一致同意穿水手服。

关于这段故事，萨拉在她的《我的儿子富兰克林》一书中这样写道："父母们对于衣饰的品位虽然高雅，可是他们执拗的儿女却并不喜爱。"可敬的是，富兰克林的妈妈并没有强迫孩子听命于自己，而是非常尊重孩子的意愿和想法。

大人的世界和孩子的世界应该是平等的，孩子的想法和大人的想法也同等重要。在某些问题上，对于孩子的想法，父母不应该进行压抑和驳斥，而应该尊重，这样才能使孩子有自己的想法，而不至于畏首畏尾或随波逐流。

如果条件许可，家长应该满足孩子的愿望

纳尔逊的妈妈要给纳尔逊买辆儿童自行车。这天，妈妈和纳尔逊一起来到商场，售货员推出几辆不同款式的自行车让他们挑选。纳尔逊看到一辆车篮带奥特曼图案的，非常高兴，喜欢地抚摸着。妈妈看中一款价位比较高、质量较好的，想买下来，谁知纳尔逊拉着带奥特曼图案的车，不让售货员放回车库，妈妈只好买下了这辆质量一般的自行车。纳尔逊很高兴，看到孩子高兴，妈妈自然也很欣慰。

当孩子表达出自己的想法和意愿的时候，如果条件许可，家长应该满足孩子的愿望，这会让孩子感觉到家长对他的尊重。

我能和茱莉亚一起出去玩吗?
——尊重孩子的"差朋友"

美国家庭教育实例

芬妮：14岁，中学生，"好好"小姐，人缘好。
杰森：芬妮的父亲，医生。

芬妮有点忐忑地问妈妈麦琪："妈妈，我能和茱莉亚一起出去玩吗?她邀请我参加生日舞会。"

茱莉亚是芬妮的同学，学习成绩差。麦琪刚想说不同意，丈夫杰森使了个眼色，麦琪想了想说："问问你爸爸的意思。"

芬妮把眼睛看向爸爸杰森，杰森说："既然是你的同学，她又邀请你，那么去也无妨。不过，如果你觉得玩得不开心就回来。我会送你去，然后在门口等你。"

芬妮点点头，去准备聚会的衣服、礼物了。

给中国父母的教育建议

孩子的身边总会有一两个"差朋友"，家长是怎样对待孩子的这些差朋友的呢?美国家长大多数都会尊重孩子的选择，在确保他们安全的情况下，让孩子自己去学会如何选择朋友。而许多中国家长总是会用异样的、甚至是很不友好的目光来看待孩子身边学习不好的朋友，有的还冠冕堂皇地搬出一大套理论来，如"近朱者赤，近墨者黑"。这样的态度，对孩子的发展是很不利的。

中国青少年研究中心曾经做过一项调查，发现72.6%的父母表示"希望孩子和他喜欢的人交朋友"，但事实上，大多数父母却对孩子选择朋友有着严格的要求。81.6%的父母要求孩子选择学习好的同学做朋友，45.3%的父母会"为了学习，要求孩子减少与朋友的交往"。作为父母，应该怎样对待孩子的朋友，特别是成绩不大好的朋友呢？

明白孩子为什么爱和差生做朋友

很多家长在心底会有疑问，为什么孩子那么喜欢和成绩不好的朋友来往？以下几个理由也许可以为家长解惑：

第一，对方的经历让孩子感到新鲜。用旅游来打个比方，人们永远对自己没有去过的地方更加向往。同样的道理，孩子对自己不可能拥有的生活也是充满了新鲜感，他们好奇自己没有经历过的事情，更愿意和这样的人交谈、相处。

第二，失败时更能给孩子心灵的慰藉。学习成绩差、调皮捣蛋的同学经历失败的次数肯定比较多，他们已经"不怕挫折"，孩子在遇到困难和挫折的时候，他们的话更容易让孩子的心灵得到慰藉，走出低谷。

第三，对方讲义气。学习成绩差、调皮捣蛋的同学大多很讲义气，虽然常常做些家长、老师不喜欢的事情，但大多为人仗义，敢为朋友"两肋插刀"。

孩子交友不一定看成绩

史蒂夫说："我很体谅那些所谓的'坏'学生。我儿子现在读九年级，他跟班级里一位学习成绩差的同学关系很好，经常在一起，有很多共同的话题。我想了很久，在和儿子聊天的时候，我顺便问起那位学生在校的表现，儿子说，他人很好，很讲义气，有一次在街上自己被小偷掏了钱包，吓得不敢动弹，那位学生居然当众打开小偷的手，狠狠白了他一眼，结果小偷灰溜溜地走开了。可以说，除了学习成绩不好外，他没什么别的缺点……听后我无语，这样的孩子，我有什么理由让儿子不跟他交往呢?"

诚如史蒂夫所说，孩子更注重朋友的义气。多数孩子交友更注重在一起的开心程度，家长一定要明白，成绩好与坏，绝不是孩子交友的唯一标准。

善待孩子的朋友

家长要充分认识"善待孩子的朋友就是善待孩子"的道理。形成朋友的原因是多方面的，有的是有共同的兴趣爱好，有的是性格脾气相近。交朋友的目的，并不都一定是为了提高学习成绩，有的是为了感情表达的需要，有的是为了互相帮助。但既然是朋友，就肯定有感情，有许多共同之处和共同语言，如果家长不能容忍孩子的朋友，就等于不能容忍孩子。正是从这一点说，家长如果不能善待孩子的朋友，就是不能善待孩子。家长不能太功利，不要认为孩子做的一切都必须为了提高学习成绩。交友应该是广泛的，交友的目的也应该是多方面的，只要是正常的朋友，他们在相处和沟通过程中就各自都能有所获得。

要明白"三人行，必有我师"的哲理

孔子说：三人行，必有我师。这话说得非常好。每一个人都有自己的特长和优势，都有值得别人学习的地方。家长要明白，那些学习成绩不好的同学，有的具有其他方面的特长，如篮球打得好，美术突出，或者是写一手好字，有一颗善良的心，等等。学习成绩只是孩子诸多素质的一个方面，他们只有广泛学习不同类型同学的长处，才有可能成为一个全面发展的学生。因此，孩子与成绩差的同学可以交朋友的，既是为了学习，也是为了互相帮助。从某种角度讲，还可以培养自信心。家长需要做的是教会孩子辨别，分辨出朋友哪些地方是值得学习的，哪些方面需要摒弃。

善待孩子的朋友要出于真诚

有些家长在对待孩子成绩差的朋友时，表现出"两面派"的作风：孩子的朋友在场时，让座、倒茶、请吃水果……显得非常客气；可是孩子的朋友一走，就警告孩子："以后别跟他走得太近！"家长的这种做法，只会让孩子看低父母的形象，损害亲子关系。因此，父母对待孩子的"差朋友"要出于真诚，表现出友好的态度。

爸爸，我错了……
——"打"不是解决问题的办法

美国家庭教育实例

吉姆：14岁，脾气有些暴躁，经常与妹妹闹别扭。

彼特：吉姆的父亲，有两个孩子——吉姆和凯迪，兄妹俩相差7岁。

吉姆在他7岁的时候迎来了自己的妹妹凯迪，作为父亲，彼特一直理所当然地认为吉姆会好好照顾凯迪，毕竟吉姆比她大那么多。可是让他没有料到的是，吉姆似乎并不怎么照顾自己的妹妹，甚至可以说，经常以"欺负"妹妹为乐。

这天，凯迪哭着找彼特告状，说她因为好奇，拿了吉姆的陶偶玩，没想到吉姆发现后大声训斥了她，还当着她的面把陶偶摔碎了。彼特觉得再也不能让兄妹俩的关系这样下去了，于是找了个时间和吉姆谈话。

"吉姆，你这么对你妹妹，我完全可以惩罚你，你知道吗？按照我们曾经定下的规矩，你这样属于不友爱家人、朋友，我可以打你10下手心。"彼特开门见山地说。

"那你打吧！"吉姆倔强地不肯承认错误，边说还边把手伸了出来。

彼特顺势拉过吉姆的手,对他说:"可是我不想这么做,打你手心不是解决问题的方法。我知道,其实你内心是很疼你的妹妹的,她在学校被别人欺负的时候,作为哥哥的你可从不袖手旁观,为什么在家里要对你的妹妹这样呢?"

吉姆低头不语。

彼特接着说:"其实,你并不在意一个陶偶,对吗?"

吉姆点点头。

"那么,不给妹妹玩是因为……"彼特故意拖长音调,等着吉姆说出自己内心的想法。

吉姆深吸一口气,说:"她有那么多好东西,您和妈妈都那么疼她,不在乎多我一个!"

彼特抬抬眉毛,终于明白了儿子为什么这样对待凯迪了。他和妻子都没有意识到,吉姆再大也是一个孩子,看着妹妹受尽宠爱,吉姆当然心里会不好受。彼特语重心长地对吉姆说:"孩子,你和凯迪都是我们的无价之宝,我们都一样疼爱,只是疼爱的方式不一样了。"

吉姆一愣,睁大眼睛等着彼特继续说。

"凯迪还小,所以我们会关心她的方方面面,她穿什么衣服,她吃什么东西……而你,你已经长大了,我们对你的关心不再体现在这些细枝末节上,我们更关心你交了什么样的朋友,有没有养成不好的习惯和品格。"

吉姆沉思了一会儿,点点头,说:"我知道了,爸爸,我错了……你能借我胶水吗?我想把陶偶拼起来!"

彼特笑了,说:"我和你一起把它粘好。"

父子俩花了一下午时间把破碎的陶偶粘了起来,吉姆看着自己的"大作",说:"爸爸,幸亏你没有一上来就打我,否则估计碎的就不止这一个陶偶了!"

"我是那么蛮横的父亲吗？孩子，我尊重你，你的所言所行一定有你的理由和原因，我希望你在我们的关爱下长大，而不是在棍棒下长大。"彼特摸着吉姆的头，慈爱地说。

给中国父母的教育建议

要教育孩子，首先要尊重孩子。美国家庭尤其重视这一点，在美国父母的眼中，孩子从出生起就是一个独立的个体，有自己独立的意愿和个性。无论是父母还是教师都没有特权去支配或限制他们的行为。尤其当孩子犯了错以后，他们不会横加训斥，大多数人会像上面教育实例中的父亲那样，在尊重孩子的基础上，和孩子做很好的沟通，顺利解决问题。

可以说，在所有教育方法中，打骂是最不尊重孩子的教育方式，它对孩子不仅仅会带来身体上的伤害，更有可能带来心灵上的伤害。

晓晨的父亲是个刻板严谨的人，生活极有规律，无论发生什么事，作息时间从不改变。但这么一个讲究纪律的人，却有一个最调皮捣蛋的儿子晓晨。

晓晨是个精力旺盛的孩子，成天都在不停地动，不知疲倦地摔碎器皿，弄坏东西，惹是生非。他与他的父亲是两个极端，因此两父子之间的"战争"一天之中不知要发生多少次。

有一次，晓晨把奶奶刚送给他的万花筒拆开了，想看看里面究竟藏了些什么，这自然会招致他父亲的愤怒。不过拆东西可算是晓晨最大的爱好了，凡是让他感到好奇的东西，都逃不过被拆的命运，当然他也逃不过挨揍的命运。可是无论父亲怎么打骂，他的这个毛病始终也改不了。

还有一次，晓晨竟然把一块金表给拆开了，要知道这块表是晓晨故去的爷爷留下来的遗物。他父亲一直十分珍惜，总是带在怀里，从不离身。不久前他说表出了点故障，必须拿去修理，哪知还没来得及修，就被他这个调皮的儿子给翻了出来。现在这表被大卸八块，零件散落了一地。父亲立即暴跳如雷，一耳光将儿子扇得坐在地上。

站在一边的妻子忙上前去抓住他的胳膊，高声说："不要打了！"

父亲跺着脚说："你还护着他！你看他把我的表弄成什么样子。"

"晓晨是弄坏了表，但是你认为一块表比自己的儿子更重要吗？"

这时，晓晨抽抽咽咽地说："我没弄坏表……我……我只想拆开看看它哪儿出毛病了……"

妻子气愤地说道："不管晓晨是修表还是拆表，你都不应该打他！"

父亲愤愤地踹门而出，晓晨抽抽咽咽地哭了很久。

晚上，母亲走到晓晨房间，问道："晓晨，你还在生父亲的气吗？"

他看着母亲，鼓起勇气说："没有，我只是不想再和他住在一起。我恨他！"

第二天，晓晨突然失踪，离家出走了，当家人找到他的时候，他依然不肯回家，而且态度十分坚决。直到他母亲哭得昏死过去，晓晨才不情愿地回家了。

在美国，体罚或言语羞辱孩子，造成孩子身体或心理伤害，当事人要受法律惩罚，父母当然不能例外。而在中国，却仍然有很多父母信奉"棍棒底下出孝子"，认为孩子犯了错挨打是再正常不过的事，并且打孩子是为孩子好！可是美国父母不打孩子，孩子不是照样长大、成材吗？打，只会造成孩子种种不良的心态和心理偏差，绝不能获得有效地教育孩子的效果。

很少有父母天生就会教孩子，也很少有父母能自然而然地成为家教高手，当"打"的念头萌生时，家长不妨试用以下方法来取代打骂的教育方式：

对孩子多理解，多倾听

多一分理解，就少一分误解，家长在管教孩子的时候，不管出了什么事，都

要先耐心倾听孩子的解释，不要动辄打骂。当家长的心思已经放在了解孩子的想法，并想办法帮孩子解决问题时，也许就会发现孩子的行为其实是情有可原的。这是避免打骂孩子的非常有效的方法。

盛怒之下也要冷静

即使在极度愤怒的时候，父母也不应该打孩子，而是应该提醒自己要冷静、冷静、再冷静。父母可以转移自己的注意力去做别的事，等自己平静下来以后，再来管教孩子。要知道，有 100 种方法比打孩子更有效！

第二章 关于独立——美国家长懂得给予孩子自由

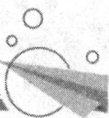

到时候你可要帮我啊！
——相信孩子的独立能力

汤姆：3岁，刚上幼儿园，独立能力强。
苏珊娜：汤姆的母亲，非常"依赖"孩子。

3岁的汤姆跟同龄的孩子一样，喜欢吃零食，喜欢喝碳酸饮料，喜欢各种新奇的玩具。

那一年，汤姆家搬到了一个新的城市，汤姆也进了一所期望中的幼儿园。两个月后，幼儿园要开家长会，汤姆妈妈也在被邀请之列。去幼儿园的路上，妈妈对汤姆说："儿子，妈妈还没有完全适应这个城市，在你们幼儿园里，妈妈更是一个人都不认识，到时候你可要帮我啊。"

汤姆一本正经地说："没问题，妈妈。我认识那里所有的老师和小朋友，包括每天接送小朋友的爸爸妈妈。"

妈妈笑着对他点点头。

到了幼儿园，汤姆开始履行他的承诺，他负责地陪妈妈到会议室，又严肃地把妈妈介绍给校长和其他老师，又认真地向妈妈介绍了幼儿园的每一个小朋友，最后告诉妈妈小朋友们的名字以及哪位是他们的爸爸或妈妈。

接着，汤姆把妈妈带到一个沙发面前，给她端来了一杯水，"妈妈，你先坐在这儿，我去趟厕所，一会儿就回来。"

给中国父母的教育建议

在美国，很多孩子从小就懂得分担家务，并且会打工赚钱，送牛奶，送报纸，大一点的还会替邻居修剪草坪赚取报酬，这么独立的孩子是如何培养出来的呢？可以说，小汤姆的独立性是被他的妈妈"依赖"出来的，他的妈妈相信他有独立的能力，于是放手让孩子去表现，结果孩子从小就明白了自己的责任，并且能够担当起自己的责任。

然而，在中国，很多时候是另一种景象：

有一次，3岁的小龙正在学着自己穿鞋。"来，小龙，你穿得太慢了，妈妈给你穿。"妈妈抱过小龙，三下两下系好了鞋带。面对妈妈熟练的技巧，小龙感到自己很笨拙。他灰心了，伸着脚让妈妈给他把鞋穿上。

4岁的时候，小龙看到妈妈给花草浇水，他走过去，小心翼翼地拿起水壶，想要帮助妈妈。"小龙，别动。"妈妈喊道，"小心把水洒到身上，弄脏鞋子，你还小呢，让妈妈干吧。"

小龙要帮妈妈收拾桌子，妈妈吓坏了，赶紧夺过碗碟："小宝贝，你会把碟子摔碎的，还会划破手。"为了不使碟子破碎，小龙再一次丧失了学习的机会。

当小龙10岁的时候，妈妈说："小龙，来帮我把洗衣机里的衣服取出来，放到烘干机里。"小龙回答说："妈妈，我忙着玩游戏机呢。"

妈妈又说："帮我把地板擦一擦。"小龙口头上答应说："先等一等。"而心里却感到很奇怪："这种事情，干嘛非扯上我？"结果一天过去了，他还是没做这件事。

妈妈还没明白，正是她把小龙教育成这个样子的。

也许很多中国家长在小龙妈妈的身上都能看到自己的影子，培养孩子的独立性应该从相信孩子的独立能力开始。韩国作家林明南在谈到这一点时，这样建议家长：

父母往往会小觑自己的子女，并具有希望代替孩子处理一切事务的倾向。事实上，家长给予孩子多大的信任，孩子就能够承担多大的事情。为了不使相信、关注自己的父母感到失望，且希望独自完成相关事宜借以获得父母的认可，孩子会为之付出相当大的努力。因此，可以说某些事孩子一个人也足以做到。

根据孩子的承受能力为其分配任务

与其妈妈一一照顾周全，莫不如让孩子自己找事情做并完成。我们可以将日常生活中孩子能力范围之内的事务交给他独自处理，并观察孩子的完成情况。但是，倘若把超出该年龄段承受能力或是极其复杂的事务交付给孩子，则很有可能会产生副作用，因此，在培养孩子的自立性时，一定要考虑到孩子的年龄因素。

认识到孩子的成长，并为孩子的独立做好准备

孩子每天都在成长，将来势必会拥有自己独立的世界。因此，我们要根据孩子的成长速度给予与其年龄相符的待遇，让孩子逐渐离开父母的怀抱，为独立做好准备。

你觉得这个孩子到哪儿去了？
——不要代替孩子思考

美国家庭教育实例

沃尔特：小学，特别爱听故事。

波尔：沃尔特的父亲，百货公司销售。

父亲波尔非常爱给沃尔特讲故事，今天，波尔要给沃尔特讲的是一个有些离奇的故事，沃尔特坐在父亲的对面安静地聆听着：

远古时代流传着这样一个故事：一个贫穷的农家，新添了一个可爱的小孩，可这小孩却有些奇怪。他生下来就会走路，而且还会叽里咕噜地说话，但是他说的话谁也听不懂。镇上的巫师说这个孩子是妖怪，也有人说这个孩子是上帝派来的神的化身，他说那些话时是在和上帝交谈。

到底是怎么一回事？谁也搞不清楚。

突然，从某一天开始，这个孩子每天都早出晚归，自己神秘地出去，到了晚上又乖乖地走回来。这当中发生了什么事，谁也不知道。大人问他，他也不说，只是径直地走到自己的房间，根本不和别人说话，好像在保守什么秘密似的。

终于，有一天，这个孩子早上出去了，晚上却没有回来！

故事讲到这里。波尔突然停住了。他没有再往下讲，而是问沃尔特：

"你觉得这个孩子到哪儿去了？"

"他去做什么？"

"你觉得他为什么有些奇怪？"

"他到底是谁？"

"你能给我讲讲以后的故事吗？"

就这样，小沃尔特在父亲的启发下，开始自己编起故事来……

给中国父母的教育建议

通常，在孩子睡觉前，家长都会给孩子讲故事，似乎讲故事是哄孩子入睡的催眠剂，但是美国家长经常会"讲一半留一半"，这样做的好处在于——不代替孩子思考，改变不是让孩子被动地"听"，而是自己去独立思考下面的故事。

有两个贼人，一个是老贼（父亲），一个是小贼（儿子）。老贼非常爱小贼，怕他辛苦，因此两人一直都是靠老贼"找饭"吃。渐渐地，老贼年纪大了，手脚不灵活，也偷不到什么东西了。可小贼一直以来都是靠老贼养活，自己根本没有生存的本领。老贼担心，长此以往下去，小贼非饿死不可。

于是，老贼狠下心来，将小贼叫到跟前说："我老了，你也长大了，我把我的本事传授给你，以后的生活就完全靠你自己了。"

到了晚上，老贼把小贼带到一个有钱人家的宅子前面，挖了一个地道，一直通到有钱人家的仓库里，然后，把一个大柜子的锁打开，让小贼赶紧跳进去。可小贼刚一跳进去，老贼就把柜子给锁上了，并且大喊："有贼！有贼！"扭头就跑。有钱人家的管家听说有贼，赶紧爬起来搜查。可搜来搜去，硬是没发现丢东西，也没见到什么贼，管家以为是哪个淘气的孩子在恶作剧呢。

此时，被锁在柜子里的小贼，根本就不知道老贼的用意，心里又气又急，眼下想的只是怎样尽快逃出去，而不被憋死。于是，小贼躲在柜子里，学老鼠嗑衣裳的声音。不一会儿，太太路过仓库门口，听到老鼠嗑衣裳的声音，连忙叫丫鬟掌灯，看看柜子里有没有老鼠。丫鬟刚一打开柜子，小贼一跃而出，一把将丫鬟撞倒，并迅速把灯吹灭逃走了。

小贼回到家里，看见老贼正在悠闲地喝酒，好像什么事都没发生过。小贼气急败坏地坐下来。开始埋怨父亲为什么把他锁在柜子里。老贼什么话也没有说，只问了他一句："你是怎么出来的？"小贼把详细的经过跟他说了一遍。老贼听完，将杯中的酒一饮而尽，微笑道："你以后再也不愁没有饭吃了！"

用这个故事来说明"不要代替孩子思考"的道理似乎有点不雅，但是这个故事所反映出来的哲理却是非常深刻的。老贼的行为不高尚，但是至少可以给家长一些启示：不要什么事情都替孩子做好，要让孩子自己学会独立思考，这样即使将来孩子遇到什么困难，也能自己去面对和克服。这种独立思考的能力对孩子一生很重要，它可以增强孩子生存的本领和面对困难的勇气。只有孩子学会了独立思考，才能摆脱"过度依赖"的惰性心理，自己进行发现和创造。

给孩子创造独立思考的环境

有一个独立思考的家庭环境能提高孩子独立思考的能力，将使孩子终身受益。家长碰到问题的时候，可以和孩子一起思考解决办法，将自己的思考过程展现在孩子面前。当一家人围聚一桌共进晚餐时，议论一天中发生的种种事情，这就是一个很好的思考环境。家长可根据交谈内容互相发问，如："你觉得怎么做会更好些？""你的想法有根据吗？"这样耳濡目染，孩子就会形成凡事自己动脑的良好习惯。

鼓励孩子多提问

鼓励孩子敢于对有疑问的事提出来，是智力教育的一种重要方法。当孩子提问时，家长要立刻给予鼓励，夸奖他肯动脑筋。这样，随着孩子提的问题越来越多，他的思考就会越来越全面，独立思考的能力也会越来越强。

无论是带孩子去博物馆，还是陪他们看书、看电影，父母都可提一些问题，启发孩子进行思考。带孩子去博物馆时不要走马观花，简单地欣赏作品，不妨提出"恐龙如果复活了，地球会变成什么样？"之类的问题引导孩子思考。

给孩子叙述自己想法的机会

在日常生活或游戏中，无论遇到什么困难，家长首先就应该问孩子："你该怎么办？""你有什么好办法吗？"让孩子自己来想办法解决。有些家长总是迫不及待地帮助孩子，这样既剥夺了孩子独立思考的能力，也没法让孩子尝到独立思考的乐趣。其实孩子最初是有自己独立的看法的，但逐渐被大人的声音掩盖、隐藏起来了。如大人在讨论的时候，孩子不经意地插一句"我认为"，总得到家长"大人

说事，小孩懂什么，一边玩去"之类的呵斥，于是孩子慢慢地变沉默了。所以，家长们应该鼓励孩子勇于说出自己的想法，让孩子学着说"我认为"、"我觉得"。

孩子具有独立思考的能力，不仅有利于当前的学习，也是将来走向成功的前提，因此父母要培养孩子从小独立思考的能力。

同学，你怎么可以这样呢！
——引导孩子独自处理朋友间的冲突

美国家庭教育实例

格雷奇： 就读在寄宿学校，独立性强。

鲍伯： 格雷奇的父亲，古董店店员。

格雷奇读的小学是寄宿制，这天吃饭时间，格雷奇看见一个陌生的同学插到了自己队伍的最前面，肚子很饿的格雷奇立刻就大声对他说："同学，你怎么可以这样呢？"

"我怎么了？"那个同学一头雾水。

"插队啊！还问我怎么了！"饿着肚子的格雷奇没好气地说。

"我没有插队啊，我只是问问是不是在这里买！"同学很委屈地说。

格雷奇没说话，但是他想，也许真误会了这个同学。

下午上课的时候，老师居然把那个陌生同学领进了格雷奇的班级，原来他是新转来的！格雷奇心里打起鼓来，下课后他给爸爸打了个电话，把情况说了说，然后询问爸爸鲍伯的意见，鲍伯说："我相信你能够独立处理好。"

最后一节课下课后，格雷奇思考再三，走过去对新同学说："你好！今天中午对不起啊，误会你了！"

俗话说，伸手不打笑脸人，面对格雷奇的友好，新同学尴尬地笑笑："你好！"

"今天中午我确实没想插队，但是因为我，确实也耽误了你吃饭的时间，真是对不起啊！"新同学主动对格雷奇道歉。

"我也有错，今天太冲动了……"格雷奇不好意思地笑了。

给中国父母的教育建议

孩子之间磕磕碰碰、吵吵闹闹是常有的事情，尤其随着孩子的年龄增长，有了自己的人生观、世界观，性格脾气也变得容易冲动，吵架便成了很多孩子社交中都会遇到的事情。孩子之间难免会发生矛盾，美国家长往往会引导孩子独立去正确地处理矛盾，但是许多中国家长往往会插手孩子间的事情，这样做弊大于利。那么，应该怎么做才最好呢？

看到矛盾的好处

孩子与他人发生矛盾之后，家长会插手，无非是认为孩子还克制不了自己，处理不好事情，其实，就算孩子处理起来还显稚嫩，也应该放手让孩子去独自处理，这样做对孩子来说有很大的好处。一是通过争辩、说理、争执，用较有说服力的完整语言来申辩自己的主张，试图说服对方，有利于发展孩子的语言表达能力和应变能力；二是能从对方反应的态度中，了解他人的感受，从中学会忍让、宽容和适应别人，有利于孩子克服自我为中心，发展与他人的合作能力；三是通过争吵，让孩子的情绪得以宣泄，有利于孩子及时调整心态；四是通过发生矛盾，解决矛盾，重归于好，有利于孩子正确认识自我，调整自我，提高独立处理事情的能力，积累人际交往经验，学到平时无法学到的东西。

让孩子自己解决，并不是放任不管

让孩子自己解决问题，并不是意味着家长可以放任不管。一些孩子能够处理的小问题，可以尝试让孩子自己处理，从而使孩子学会思考、分析问题，作出判断。在这个过程中，家长要特别注意的是，孩子解决问题能力的提高，不是突然的，而是渐进的过程，家长要耐心一些，更要相信孩子处事的能力，要给予其自行解决问题的权利和空间。同时，家长还要起到"协助"的作用，如果一些问题孩子独自确实解决不了，家长可以旁敲侧击，比如"你们之间有了些误会，不如妈妈明天出去，你请他来咱们家里，你们俩好好谈谈"，帮助孩子出谋划策，让孩子逐渐学会如何化解矛盾。

我玩得一点都不开心！
——锻炼孩子的自理能力

美国家庭教育实例

伯特：10岁，小学生。

阿曼达：伯特的母亲，家庭妇女。

伯特要到山里去参加为期两天的野营活动。老师向他们讲述了这次野营的具体安排，并为他们提了一些建议，让他们回家去准备营地生活用品。妈妈阿曼达问伯特是否需要帮忙，伯特谢绝了妈妈的好意。在他临行前，阿曼达检查了他的行李，发现他衣服带得不够多，因为山上特别冷，显然伯特忽视了这一点。同时，阿曼达还发现他忘了带另一个重要的东西——手电筒，这在野营时是要经常用到的，但是阿曼达并没有提醒他。

伯特高兴地走了。两天以后，他低着头回到了家，阿曼达问："怎么样，这次玩得开心吗?"

伯特说："山上太冷了，我没有带足够的衣服，而且我又忘了带手电筒，每天晚上都要向别人借，这两件事搞得我很狼狈。我玩得一点都不开心。"

"为什么不多带些衣服呢?"阿曼达问。

"我认为那里的天气不会有太大的变化，所以就没有带多少衣服，没想到情况和我想的不一样，那里会那么冷！下次再去，我就知道该怎么做了。"

"如果下次去佛罗里达，你会带很多衣服吗?"

"不会的，因为那里特别热。"

"是的，在去每个地方以前，你应该弄清当地的天气情况，这样做就不会出现差错。那么，请告诉我，你为什么没带手电筒呢?"

"我想到要带手电筒，但是在忙别的事的时候，我竟然把它给忘了。下次野营时我会将我的计划写在一张纸上，我想，这样就不会忘记东西了。"

给中国父母的教育建议

和国内的孩子比起来，美国孩子的自理能力往往要强一些。原因除了国内大都是独生子女之外，也和中美两国的教育理念差异有关。美国家长特别注重孩子个人事务的自理能力的培养，他们认为这是孩子要学会的重要生存技能，能增强孩子的责任感和自信心，为孩子将来独立生活、成功走向社会打下基础。但是，在中国目前重智育的情况下，孩子个人事务的自理能力常常被忽略，现在的家庭中，独生子女占95%以上，他们多半饭来张口、衣来伸手，一切以"我"为中心，缺乏基本的自理能力。

放学时，学校门前水泄不通，围满了接孩子的家长。文文像一只快乐的小鸟一样跑出学校，奔向自己的守候者。这时，妈妈迎上去，心疼地取下孩子肩头的小书包，小水瓶，拎在自己手里。文文轻松了，而妈妈则"全副武装"了起来。

这天，文文放学后要参加一个小提琴等级考试，所以妈妈加快了脚步，连走带跑地带他赶到公车站台，准备坐公车去考场。

公共汽车上，妈妈不厌其烦地叮嘱文文："考试的时候别紧张，像平时练习一样就行了。"快到站了，妈妈给文文围上围巾，戴上帽子。

"妈妈，鞋带松了。"文文边说边伸出脚。

妈妈弯下腰，为文文系好鞋带。车停了，妈妈拎着大包小包和琴盒，拉着孩子，匆匆地下车而去……

到了考场，妈妈到处为文文寻找休息的地方，可是来参加考试的同学特别多，有椅子、台阶的地方都坐满了。妈妈想了一会儿，拿出自己考虑了好多天才舍得买下来的丝巾铺在了地上，对文文说："你休息一会儿!"而妈妈自己却站在了凛凛的寒风中，一站就是1个多小时。

终于轮到文文考了，妈妈把文文送到考场门口，期待着儿子顺利完成考试。

没多久文文便考完了。妈妈问文文考得怎么样，文文说还不错。妈妈高兴地亲了亲文文，对文文说："今天我请你吃肯德基!"

点餐时，妈妈特地给文文点了两对"奥尔良烤翅"，而自己什么都没要。

"剥皮。"文文拿着一只鸡翅膀递给妈妈。文文吃烤翅是不吃鸡皮的，而剥皮的任务一向是交给妈妈的。

妈妈把剥下来的鸡皮留给自己吃，把香香嫩嫩的鸡翅递还给文文。

案例中的妈妈完全忽略了培养孩子的自理能力，凡事都包办代替，其实，培养孩子的自理能力和培养孩子的学习能力是同样重要的！家长在生活中可以这样做：

提供机会，让孩子尽情体验

能力是在过程中得到发展的。孩子只有更多地参与到个人事务的处理过程中，才能发展他们的个人事务自理能力。在生活中，很多事情都可以让孩子自己去做，如叠衣服、收拾房间等。在做事中，孩子自己去思考、去体验、去成长。爸爸妈妈可以帮助孩子把关。

营造宽松的氛围，学会耐心等待

不要要求孩子第一次就做得好，他们需要的是时间。当他尝试的时候，等着他、鼓励他。如果遇到早上赶着上班，那么请早点叫孩子起床，给他充足的时间。当他苦恼的时候安慰他、帮助他。当他进步的时候，表扬他、激励他。相信孩子在爸爸妈妈的支持下会成长得很好。

教给孩子必要的方法

个人事务不是想做好就能做好的，它需要一定的方法和策略。比如，擦窗户的技巧和安全，叠衣服的小窍门，等等。在孩子遇到困难的时候，家长给予适当的方法引导是必要的。

让孩子当一天家

要培养孩子的自理能力，不如让孩子当一天家吧！家长在具体操作的时候，要注意以下几个方面：

第一，确定"当家"内容。家长可以确定几个"当家"的内容，如让孩子主动整理自己的书桌、床铺，洗自己的衣物；让孩子帮助父母打扫卫生；让孩子为全家准备一日三餐；让孩子做好家庭生活一日安排，如看望老人、和父母一起读书等。

第二，给予适当评价。孩子这一天的家当得怎么样，家长在活动结束的时候要给予适当的评价，该夸奖的地方不要吝啬，该批评的地方也不要客气，这样孩子才能认识到自己的不足，逐渐提高自理能力。

第三，让孩子写下自己的感想。孩子忙碌了一天，心中一定感慨良多，或感叹父母平日的辛苦；或发现了一些家务事的小窍门；或喜欢上了当"管家"的感觉……家长可以让孩子把自己的感受写下来，这对"当一天家"的活动是一个很好的自我总结。

我忘了带作业……
——提高孩子的时间管理能力

美国家庭教育实例

安娜：小学生，拖拉，缺乏时间观念。
克里斯蒂：安娜的母亲，会计。

安娜去学校的时候忘了带作业，而老师无数次地强调同学们要按时交作业。

安娜给妈妈克里斯蒂打电话，让克里斯蒂把作业送到学校。克里斯蒂说："我不能去送，最好你自己回来拿。"安娜开始感到很失望，警告克里斯蒂，学校的老师可能会说她对孩子太不负责任。但是安娜的妈妈这时对自己所谓的责任并不感兴趣，她所感兴趣的是如何让安娜从亲身经历中获得责任感，学会对自己负责、对自己的行为负责。她告诉学校老师，希望安娜能够自己回家拿作业。安娜有点儿恼火，觉得克里斯蒂一点儿也不通情达理，居然在危急关头让自己走回家拿作业，这样准会耽误课程，老师会生气的。但克里斯蒂不后退，坚持让安娜自己回家取作业。

克里斯蒂把作业放在门口，然后，自己开始打扫房间，安娜回到家里想和克里斯蒂吵一架，想使克里斯蒂知道她很恼火，然后希望克里斯蒂能开车送她回学校。不料克里斯蒂根本就不理会她，只是若无其事地说："宝贝，我忙着呢，你现在先回学校，交上作业。我们以后再讨论这件事情。"

放学后，克里斯蒂知道安娜已经不在气头上了，她耐心地听安娜述说，女儿在同学和老师面前感到很窘，因为克里斯蒂不去给她送作业，她还得自己回来拿。

克里斯蒂问安娜："我很爱你，宝贝，你知道吗？"

安娜承认这点，克里斯蒂又说："我这样做是为了你好，你知道吗？"

安娜赌气地说："我忘了带作业，你又不肯送去，我想你是不把我当回事。"

克里斯蒂又说："孩子，让我们来看一看，你为什么忘了带作业？"

安娜回答道："我慌慌张张地赶校车，就忘了。"

克里斯蒂接着说："为什么会这么慌张？"

安娜想了想，回答道："我早上起晚了，为了赶着交航模课的作业。"

克里斯蒂接着提示她："为什么航模课的作业要这么赶？"

安娜又想了一会儿，说："我拖拖拉拉，没有按时间计划来做。"

克里斯蒂最后说："你现在再想一想，如果我把作业给你送去，你不是就学不到这些东西了吗？"

安娜惭愧地点了点头。

给中国父母的教育建议

在中国，很多家长对于金钱的管理比较留心，可是对时间的管理却往往不留意。对于孩子来说，更要珍惜大好年华，不断地提升自己，让自己成为一个有用之才。可是，很多孩子都有浪费时间、拖沓的毛病，从来不注意自己的时间管理。

沙沙都上小学五年级了，可是做什么事都不紧不慢，起床要半小时，吃饭要半小时，上个厕所还要半小时，别人不催，他更不着急。尽管妈妈一直催促他"快一点，快一点"，但仍起不到效果，有时甚至对他发火都无动于衷。

星期六的晚上，沙沙说作业不多，要看会儿电视，妈妈同意了。结果他从10点开始写作业，40分钟只做了两道题，然后又请求说太困了，剩下的四道题想明天早晨再做，妈妈只好随他。可是第二天一早，他6点多就起床了，只做了一会儿工夫就又上床睡了。妈妈检查他的作业，发现那四道题根本没做。于是，吃饭时妈妈再次对他进行劝导和说教。可是，他却一脸的不耐烦，趁妈妈不注意，竟偷偷地跑出去玩了。

沙沙这种拖沓的现象还不止一次。每到周末，老师留的家庭作业他都必定要挨到周日的晚上才开始搞突击，有时写不完就把填空和选择题留着，等周一上午上课前，找同学抄一遍。每天的作业，他也是经常要做到晚上十一二点钟，甚至要到第二天早晨起来再补一课，才能完成。

时间悄无声息地流逝了，成功往往掌握在会管理时间的人手中。帮助孩子养成良好的时间管理习惯非一日之功，这点美国父母做得非常好。没有注意到这一点的中国父母需要从以下几点做起：

培养孩子良好的时间观念

让孩子正确认识时间的价值，告诉孩子时间是最宝贵的，不要浪费时间。可以在孩子的卧室里贴一张便条，写上名人的警句，如"一寸光阴一寸金，寸金难买寸光阴""时间就是效益，时间就是生命，时间就是一切"等和时间有关的名言，以激励孩子珍惜时间，不要浪费时间。

让孩子遵循一定的作息规律

孩子对时间的理解往往比较抽象，他们也体会不到时间的重要性，但是父母一定要坚持让孩子养成有规律的作息习惯，良好的作息习惯是珍惜时间的前提。父母可以和孩子共同制定一份作息时间表，什么时候起床，洗漱要多长时间，吃早餐要多长时间，什么时候写作业，什么时候睡觉等，把作息时间定下来，让孩子合理安排自己的时间，慢慢地就养成了一种习惯。但孩子的执行能力往往比较差，常常是一边吃饭，一边玩耍；做事总是杂乱无章，缺乏条理。这时候，父母就要对孩子正确地引导，规定孩子在一定的时间内去做某一件事，不可分心，不可浪费时间。这样不仅有助于孩子养成良好的生活习惯，还会使孩子在规定的时间内集中注意力，从而提高学习效率。但父母一定要注意，在孩子高质量高效率地提前完成学习任务时，千万不可以再追加作业。正确的做法是给予孩子鼓励，并奖励孩子一定的时间来休息和娱乐。

教育孩子按照任务的轻重缓急安排事情

父母应该让孩子明白事情的轻重缓急，哪件事先做，哪件事后做，让孩子合理地安排时间。但孩子往往分不清事情的重要程度，这就需要父母指导孩子把自己要做的事情按照重要程度和紧迫程度排列顺序，例如：第一类是最重要的，如考试、写作业；第二类比较重要，如看课外读物；第三类是不太重要的，如玩游戏、逛街等。如果孩子能够按照这个顺序来安排自己的时间，那么就可保证孩子把学习安排得井井有条，从而提高时间的利用率。

给孩子一定的玩的时间

在紧张的学习之余，要给孩子一定的玩的时间。有的父母认为孩子学习不够集中精力，写作业太慢，才导致没有了玩的时间。实际上孩子是因为没有自己支配的时间，才故意拖拖拉拉，不珍惜时间。没完没了的作业和辅导班，让孩子完全看不到希望，往往对学习没有兴趣，写作业时间又拖得很长，结果造成了恶性循环。所以父母要给孩子一定自由支配的时间，让孩子去做自己想做的事，比如，有的父母要求孩子每天放松一小时，在这一小时内，孩子可以做自己想做的事，如听音乐、做游戏、休息等，不管干什么，爸爸妈妈都不去干涉，有了希望，孩子就会愿意集中精力地学习，而且学习效果也会更加理想。

为什么我们家不能天天吃肉？
——吃得苦中苦，方为人上人

山姆： 10岁，家境贫寒，但非常懂事。
露西： 早年丧夫，独自操持着一个家，非常辛苦。

　　每晚吃饭的时候，山姆总会闻到一股肉香，那是从对门邻居的餐桌上飘出的，这时他会使劲地吸气，将香气都吸到自己的身体里。时间一长，山姆就能够根据肉香断定邻居吃的是什么肉。山姆不明白邻居家的餐桌上为什么总会有那么多鱼、肉，而自己却每天只吃些蔬菜。

　　山姆经常会情不自禁地站在门口看邻居一家吃鱼吃肉，看着看着，口水会不知不觉地流出来。邻居常常会夹上一块肉给他，然后说："回去吧，叫你妈妈也买点肉吃。"

　　有一天，山姆终于忍不住问妈妈："为什么邻居家的餐桌上总会有鱼、肉，而我们家却没有呢？"

妈妈没有回答。

一个星期天，妈妈问："今晚你想不想吃肉？"

"想啊，我好久没吃肉了。"山姆高兴地说。

"那好，你随我来。"妈妈说。

妈妈带着山姆来到了一个工地上，她向工头要了一份搬砖的活，总共有1000块砖，都搬完了可得10美元。妈妈对山姆说："快搬吧，搬完了今晚就有肉吃了。"

山姆搬了一段时间后，腿脚有些发麻，妈妈鼓励他："已经搬了100块，可以得到1美元了。搬吧，再努力又可以得到1美元了。"山姆又支撑了一会儿，终于搬不动了。

"妈妈，干这事太辛苦了。"山姆伸伸胳膊说道。

"歇一下吧，歇一下再搬。"妈妈说。

山姆就这样歇一会儿又搬一会儿，而妈妈总是不停地搬。山姆记得那天天气非常热，妈妈的衣服被汗浸得透湿，像刚淋过雨似的。真是太累了，山姆真想不干了。他试探着把话说出去，妈妈说："孩子，不通过辛勤劳动，哪能够得到钱去买鱼、肉吃？"

到了傍晚，母子两个终于把活干完了。妈妈从工头那儿领了10美元。这时候，山姆累得都直不起腰了。

晚上，餐桌上摆上了香喷喷的鱼和肉，弟弟妹妹们吃得非常香。

"孩子，我想你已经知道了邻居餐桌上为什么每餐都有肉了吧？想要吃肉，先要吃苦。"妈妈望着孩子们说。

山姆的心灵受到了震撼，面对餐桌上的鱼和肉，还有吃得正香的弟弟妹妹们，他哭了。

从此以后，山姆牢牢记住"吃苦"这两个字，在学习和生活中时刻严格要求自己。

给中国父母的教育建议

"吃得苦中苦，方为人上人"虽然是一句中国的俗语，但是美国人却把它落实到了教育子女的过程中去。

美国南部一些州立学校为培养学生适应社会的能力，特别规定：学生必须不带分文，独立谋生一周方能毕业。条件似乎苛刻，但却使学生们获益匪浅。家长对这项活动全力支持，没有一位"拖后腿"、"走后门"、"搞小动作"的。

美国的中学生有句口号："要花钱自己挣"。美国青少年从小时候开始，不管其家里多富有，男孩子12岁以后就会给邻居或自己的父母在家里剪草、送报赚些零用钱，女孩子则做小保姆去赚钱。14岁的詹妮每周六要去餐馆打工，母亲告诉她，你完全可以在家里帮妈妈干活，照样可领取工资。但詹妮觉得在家赚自己母亲的钱不是本事，她一定要去外面赚钱来表示自己有自立的能力。

看看美国人对孩子的吃苦教育，相反，许多中国家长却把它抛之脑后了。为什么会出现这种现象？主要是国人的观念问题。许多人认为现在的生活已经上了一个台阶，不需要再搞吃苦教育，让孩子们吃父辈的苦头，提高生活质量还有什么意义？这种想法是大错特错的。

进行吃苦教育，培养孩子的吃苦精神

当代中国，孩子的确是聪明了许多，可为什么遇到问题的时候就会自暴自弃呢？特别是遇到失败的时候，他们就显得很脆弱，怀疑自己，甚至不敢面对。其实这其中原因就是吃苦教育的缺失，也就是说在我们对孩子人格形成的培养过程中，他们缺少吃苦教育的培养，所以他们的意志就缺少这方面的历练，不知道如何面对困难、面对挑战、面对压力、面对竞争，所以出现了很多不良后果。

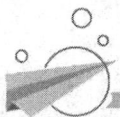

进行吃苦教育，培养孩子挑战自我的能力

随着物质生活水平的不断提高，人们的竞争压力也越来越大，对孩子进行吃苦教育，实际上就是让孩子不断进行自我挑战，是对孩子适应、挑战能力的自我培养。竞争是残酷的，它不会同情弱者，在它的生命里，永远是敢于挑战者的空间。所以，对孩子进行吃苦教育是十分必要的。

进行吃苦教育，培养孩子的感恩心

"不当家不知柴米贵"，同理，孩子不吃苦，就不会知道父母对自己付出了多少。在对孩子的吃苦教育培养中，就是让孩子学会对劳动果实的自我认识过程，当孩子在接受这样教育的时候，他们从心理上就会体会到物质的价值与物质的来龙去脉的过程，从而让孩子感受感恩教育的回报过程。

我不转学了！
——提高孩子的耐挫折能力

美国家庭教育实例

威廉：中学生，刚刚转入新的学校，不太适应。

哈瑞：软件工程师，威廉的父亲。

这天，威廉放学后有些闷闷不乐，他在客厅踱来踱去，终于鼓起勇气对正在看报纸的父亲哈瑞说："爸爸，我想转学！"

哈瑞吃惊地抬起了头，说："怎么回事？能告诉我原因吗？"

"我……他们都看不起我……我是从另一个州转来的，跟不上这里的学习，总是拖班级后腿……我说话有口音，他们总是学我，笑话我……"威廉越说越小声。

哈瑞知道了问题所在，他轻松地对威廉说："我们的小威廉就经不起这一点小小的挫折吗？"

威廉抬头看向父亲，不说话。

"这些在我看来都不算什么！我帮你分析一下，你的学习成绩拖后腿是因为以前用的教材不一样，一时跟不上是必然的，相信过几个月你就会追上你们班同学的！以前你的成绩都还不错，不是吗？口音的问题，我小时候也被其他同学嘲笑过呢，不过我从不理会，没多久他们看没乐趣也就不笑话我了。"哈瑞摸着威廉的脑袋说，"我们的小男子汉，可不能被这些挫折压倒哦！"

威廉听了父亲的分析，如释重负，想了想，自己是不能轻易退缩的，于是坚定地对父亲说："我不转学了！"

给中国父母的教育建议

所谓挫折，是指人们为满足自己的某种需要，在追求达到特定目标的活动中，遇到了无法克服或自以为无法克服的障碍和干扰，使其需要不能获得满足时所产生的紧张状态和消极的情绪反应。"没有挫折就没有成长"，孩子在成长的过程中必然会遭受各种各样的挫折和失败，这种挫折和失败在给孩子带来巨大心理压力与情绪困扰的同时，也给孩子带来了成长的契机。美国家长非常重视孩子应对挫折的能力，他们不会让孩子退缩、逃避，相反会利用这个机会让孩子学会直面挫折。中国家长也需要重视起来，教会孩子正确处理失败和挫折是非常重要的。

强化耐受挫折的心理准备教育

现在的孩子往往对遭受挫折心理准备不足或根本毫无准备。他们基本上是独生子女，平日是家人呵护的对象，缺乏应对挫折情境的锻炼和培养。因此，家长应该让孩子具备以下观点：挫折是任何人都不可避免的，具有普遍性、客观性；产生挫折的原因有外部原因，也有内部原因；挫折是令人不快的，但不快程度及其转化情况却是由自己控制的，应使各种挫折成为自己成长的摇篮。这样，孩子便能在头脑中储存挫折的信息和做好接受挫折的心理准备。

通过认识各种挫折进行耐挫折教育

家长可以利用报纸杂志刊载的，现实生活中的甚至是身边发生的挫折事件，不失时机地进行挫折教育。这些挫折主要包括三类：

第一，自然环境挫折。大自然一旦发威，人的力量就显得渺小无力；但如果此时人的耐挫力强，最终仍能实现"人定胜天"。家长可以组织孩子一起讨论"假如洪水淹没了我的家……"等。

第二，社会环境挫折。由于社会条件的种种限制，人的某些需要和动机可能无法实现，但如果对此心理准备不足，也可能导致挫折。如家长可以在孩子参加学生干部差额选举投票前先开展"假如我落选"的讨论，以防患于未然。

第三，个体需要挫折。当孩子遇到困难和挫折时，可开展相应的耐挫折教育，让孩子懂得，动机与目标、能力与期望永远存在差距。这样，日积月累，潜移默化，孩子的耐挫折能力就会逐渐提高，从而做到宠辱不惊，成败坦然。

许多研究表明，早年的挫折经验有助于成年后有效地适应环境，正所谓"逆境成材"。为此，家长可联合学校老师通过开展各种主题活动来为孩子创设受挫情境。这类活动形式颇多，如远足、野营、登山、军训等。家长还可以开展"今天我当家"、"怎样解决生活难题"等实践操作活动，以提高孩子的生存能力、自理能力。

注意利用榜样进行耐挫折教育

社会学习对孩子的成长是非常重要的，对于孩子来说，榜样的力量是无穷的。

如因遭受失学挫折而奋发成材的爱迪生、华罗庚；战胜病残而卓有成就的海伦·凯勒、张海迪等。这些优秀人物的事迹都会给孩子带来鼓舞的力量。

挫折是不可避免的，但也是可以改变的，家长应给予受挫的孩子以必要的引导和教育。

第一，要让孩子敢于正视现实，承认现实。在孩子遇到挫折时，家长要以实事求是的态度帮助孩子正视现实，承认现实，应要求孩子多考虑主观因素，不要过多地强调客观原因，更要注意纠正孩子"自我感觉良好"的不承认主义态度。

第二，帮助孩子下定决心，想办法摆脱困境。家长应帮助孩子下定决心，想办法摆脱困境，这一点是十分重要的，是解决问题的关键。要让孩子把眼前的不幸或挫折，当成考验自己、磨炼自己、锻炼自己的大好机会。家长应教育孩子，在失败和挫折面前，要做一个强者。

第三，用补偿的方法战胜挫折。由于主客观条件的限制与阻碍，使孩子的目标无法实现时，父母可以教育孩子采取补偿法来达到目的。如以新的目标代替原有的目标，以现在的成功体验去弥补原有失败的痛苦。这就是人们常说的"失之东隅，收之桑榆"。

第四，用升华法来战胜挫折。孩子遇到挫折后，父母可教育他将自己不为社会所认可的动机或行为转变为符合社会期望的动机或行为，或者将低层次的目标追求引导到更高的目标追求之上。升华一方面转移或实现了原有的情感，使心理获得平衡，另一方面创造了积极的价值。

第三章 关于品格——

"特立独行"的美式品格教育

爸爸，对不起，我"失职"了……
——让责任感与孩子的成长同行

薇薇安：8岁，充满爱心，喜欢动植物。

亨利：薇薇安的爸爸，经常出差，喜欢侍弄花草、动物。

亨利出差回来，就看见书桌上薇薇安写给他的字条：

爸爸：对不起，我"失职"了，您交给我照顾的花枯萎了……因为您要出差，所以您把浇花的任务交给了我，我向你保证，一定会照顾好它。最初几天，我是每天都会去看看它的，可是后来，因为贪玩，我总是忘记去给它浇水……现在，它叶子开始泛黄了，我想，它是快枯萎了吧……真的非常对不起，是我的错，等您出差回来，我接受您的惩罚。

亨利看完后叫来了薇薇安："你能承认错误，很好，但是你没有尽到照顾花草的责任，所以，我现在罚你星期天清理院子里的下水道，有异议吗？"

"没有。"薇薇安点头道。

给中国父母的教育建议

责任感是一个人对他所承担的任务的自觉态度，包括对自己的责任、对他人的责任、对集体的责任和对社会的责任。一个对自己有责任感的孩子，自觉水平高，让家长省心；一个对他人有责任感的孩子，亲善行为多，让家长宽心；一个对集体和社会有责任感的孩子，人小志气大，让家长放心。美国父母非常注重对孩子责任感的培养，有责任感的孩子表现出很多优点：自觉、自爱、自立、自强……责任感不像知识、技能和能力那样明晰可见，但它是能力发展的催化剂。然而，许多中国小孩却缺乏责任感，遇事习惯推卸责任。

"妈妈，我想我不能回家吃午饭了，外面快下雨了，姑姑家的伞一把坏了，一把被姑父拿走了，我又没有带伞……"姚晨在电话里说，"这事儿都怪你，干嘛早晨不坚持让我带上伞，现在我只能等下过雨之后再回家了！"

姚晨的妈妈一时脑子有点转不过弯来，她挂断电话后，不禁自言自语："这事儿怪我？"

回想起早晨，姚晨临走前，妈妈忽然想起早晨的天气预报，于是赶紧拿出伞让儿子带上，姚晨却笑道："妈妈呀，外边阳光那么明媚，我又不拄拐杖，带什么伞呀，妈妈，再见……"说完便一溜烟地跑了！现在，儿子居然把责任推卸、转嫁到别人的头上！

姚晨的妈妈是一位教师，从教多年的她深知那些习惯于寻找借口的孩子大都对生活以及学习缺乏突破的勇气，容易躲在自己越来越收缩的狭窄空间里，为自己的能力和经验不足而造成的失误寻找看似合理的借口，借以自我安慰。她准备等一会儿儿子回来以后，一定要好好和他谈一谈，必须让儿子明白：找来许多"理由充分"的借口，企图掩饰自己的行为过失或者为自己的行为过失开脱，转嫁到他人身上，其实是一种很糟糕的、不负责任的表现。

中国的孩子绝大多数现在觉得生活条件优越。他们往往以自我为中心，对父母、对他人、对社会要求高而多，对自己要求低而少。日常生活中类似于上面故事中的"都怪你……"现象层出不穷。在对于孩子责任心教育方面，有几方面建议给中国家长。

让孩子学会自己的事自己做

许多父母把无限的爱都倾注到了孩子身上，对孩子的关怀可以说是无微不至，让孩子们过着衣来伸手、饭来张口、养尊处优的生活，本来是他们应该自己做的事情全都由家长代劳了，应该自己负的责任全都由家长承担了。因此，培养孩子的责任心首先就要求家长放弃对孩子的溺爱，让孩子去做一些他力所能及的事情，让孩子去为自己多承担一些责任。

树立孩子的责任意识

责任感是做人成才的基础，家长要利用一切机会向孩子灌输责任感的重要性。比如，可以通过读书、讨论等多种形式，用古今中外责任的书籍故事，让孩子从小树立责任的意识。例如："身无分文、心忧天下"的毛泽东、"为中华之崛起而读书"的周恩来，他们之所以做出了突出贡献，赢得了历史和人民的尊敬，无不源于自觉的责任感。这些生动具体的事例，都能给孩子带来冲击和震撼，帮助他们树立责任意识。

在日常生活中，当孩子出现一些不负责任的行为时，常常会伴随着产生一些不良后果。有一个真实的故事：孩子的妈妈明明知道孩子没有带文具盒却不告诉他，结果孩子因上午没法做作业受到老师的批评。"我只是想让他明白，上学记得带文具盒是做学生的责任，如果没有尽到责任就应该受到惩罚。"孩子的妈妈说。这就是所谓的"自然后果惩罚法"，是通过让孩子承担由于自身不负责行为所产生的不良后果，让孩子感受到自己不负责任行为对自己和他人所造成的严重影响，认识并体会到责任的重要性，从而树立责任意识。

树立榜样，让孩子形成责任感

孩子具有强烈的模仿倾向，家长不仅是他们的支持者、引导者、合作者，也是他们直接模仿学习的榜样，家长的言行往往对孩子产生直接或间接的影响。因此，在教育孩子的过程中，家长必须严格要求自己，使自己的言行保持一致。在日常生活中，家长要教育孩子关心家人、帮助邻人、爱护财物等。这样，孩子在成人潜移默化的影响下，会不知不觉地形成强烈的责任感。

多鼓励、表扬，少指责、批评

孩子责任感的形成是一个渐进的过程，需要日积月累，当孩子完成一件事后，或者完成一件事的某个阶段后，家长应给予孩子公正及时的评价，并善于用语言的教育艺术塑造孩子的责任心，如："我相信你还会把事情做完做好的，"使孩子相信自己有能力、有责任承担，只要努力去做就能做好。同时，家长还要教孩子今后怎样做才能更好，既使他看到自己潜在的能力，又使他看到自己的不足之处，以帮助孩子养成积极、认真、严谨的生活和学习习惯，培养孩子对自己言行负责的态度。

因为我洒了奶，所以就不能再喝了！
——从小培养孩子的自制力

美国家庭教育实例

汤姆： 6岁，在父亲的严格教导下，非常乖巧、自律。

本： 汤姆的父亲，大学老师。

汤姆6岁了，一天，本要去拜访一个牧师朋友，顺便也把他带去了，并在那儿住了几天。

第二天吃早点时，汤姆洒了一点牛奶。按在家里的规矩，洒了东西就要受罚，为此他只能吃面包了。汤姆本来就喜欢喝牛奶，再加上朋友及家人非常喜欢他，为了他的到来，还特意给他调制了一种牛奶，并添上了最好的点心，这对汤姆还是诱惑不小的。他在洒掉牛奶后先是脸稍红了一下，迟疑了一会儿，但终于不喝了。本故意装作没看见。

牧师的家人看到这种情况，实在沉不住气了。再三让他喝牛奶，可汤姆还是不喝，并十分不好意思地说："因为我洒了奶，所以就不能再喝了。"朋友家的人还是再三劝说他："没关系的，一点关系也没有，喝吧，喝吧！"本在旁边一边吃着点心，一边仍然故意装着没看见。汤姆还是坚持不喝，在万般无奈之下，过于疼爱汤姆的朋友全家就向他父亲诉说了，他们推测一定是由于他训斥了儿子。

为了打破僵持局面，本让儿子出去一下，待他向牧师全家说明理由后。他们责怪本："对一个刚 6 岁的孩子，因为一点点过错就限制他喜欢喝和吃的东西，你的教育过于严苛了！"

本只得加以解释说："不，儿子并不是因为惧怕我才不喝的，而是因为他从内心里认识到这是约束自己的纪律，所以才不喝的。"在听了本的解释后，朋友全家还是不相信，于是他只好通过做一个试验来揭示事实真相："既然这样，那么我们可以试验一下，我先离开这个房间，你们再把我儿子叫来，劝他喝，看他是否会喝。"说完，本就走开了。

待他离开房间后，他们把汤姆叫进屋里，热情地劝他喝牛奶、吃点心，但毫无效果。接着他们又换了新牛奶，拿来新点心诱他说："我们不告诉你爸爸，吃吧！"但汤姆还是不吃，还不断地对他们说："尽管爸爸看不见，你们和我的心灵却能看见，我不能做撒谎的事。"他们接着又说："由于我们马上要去外面散步，你什么也不吃，途中要挨饿的。"汤姆回答说："不要紧。"实在没有办法了，他们只好把本叫进去，汤姆流着感动的泪水如实地向父亲报告了情况。本冷静地听完后，便对他说："汤姆，你对自己良心的惩罚已经够了。因为马上要去散步，为了不辜负大家的心意，把牛奶和点心吃了，然后我们好出发。"听到本说出这样的话，他这才高兴地把牛奶喝了。仅仅6岁的孩子就有这样的自制能力，朋友全家都深感佩服。

给中国父母的教育建议

美国有一位博士，曾设计了一个关于儿童自制力的实验：

孩子们面前有两盘巧克力，一盘多一盘少，只要能多忍耐15分钟，就可以吃到多的那盘，反之则只能得到少的那盘。这项延续了7年之久的跨文化实验的结果是，在参加该实验的上百名3至4岁的中国儿童中，超过80％的儿童只忍耐了几分钟就按铃呼喊实验人员要求得到巧克力，而66％的美国孩子都得到了多的那盘。这意味着：中国孩子的自制力不容乐观。

那么，怎样培养孩子的自制力呢？

建立一套家庭规矩

父母应使孩子知道什么事情可以做，什么事情不允许做，有规可循，孩子才能逐步建立自制力。也许开始培养时，孩子并不一定完全理解某种做法的道理，而是单纯地反射。如父母不许孩子玩火柴，每当孩子拿起火柴时，就受到不能玩这个的约束，久而久之，看到火柴就不动手了，但对于玩火很危险的道理却还不甚了解。随着年龄增长，在培养孩子树立约束自己准则的同时，还要让孩子懂得其中的道理，及时进行道德教育。

此外，需要注意的是，定下的规矩不能今日河东明日河西，使孩子无所适从。这样当然也就难以培养孩子的自制能力。而且规则不宜过多，"不许"多了，将会压抑孩子的探索欲。

65

正确处理孩子因缺乏自制力犯下的错误

当孩子做出了一些缺乏自制力的事情时，如打坏东西、弄脏了衣服等，父母应当容忍孩子的这种行为，耐心对他讲明道理，不宜以粗暴的方式对待有过失的孩子，否则使孩子产生了反抗情绪，反而起不了教育作用。

有个心理学实验，给幼儿看有关"自制力"的录像（比如等妈妈来了再吃饼干、不许在公共场所乱跑、参观画展时不乱摸等），结果这部分幼儿比没看录像的幼儿自制力强。可见自制需要榜样。生活中，孩子最容易模仿的对象是父母，父母自制力的表现会影响孩子自制力的发展，所以，一个冲动的、情绪不稳定的、行动缺少自制的父母，必须先自己增强自制力，才能帮助孩子建立自制力。

我想我能够帮助你！
——教会孩子乐于助人

美国家庭教育实例

查尔斯：10岁，品学兼优，乐于助人。
肯特：查尔斯的父亲，善良正直。

"查尔斯，你只要把上午的功课做完就能出去玩一个小时了。"父亲说。

没过多久，查尔斯就做完了。10岁的他是一个品学兼优的好孩子，听到父亲这样说，他就出去玩了。对于像他这样年纪的小孩，玩耍是非常具有诱惑力的一件事。

他最爱到附近的那条河上的渔夫船上看打鱼。

渔夫打鱼，他的妻子纺线，他们无忧无虑地生活着。尽管生活贫苦，但是他们生活得很快乐，他们还有一个聪敏可爱的孩子。

他们唯一担心的就是儿子的上学问题。因为他们都不识字，自己不能教孩子，而且他们也没有钱送儿子去学校。

有一天，查尔斯去渔夫家玩的时候看见小男孩正坐在桌子旁，用粉笔在桌上画着什么，于是他问："你在画画吗?"

"不，我在学写字。"小男孩回答，"我在站牌上看到两个字，我正在把它们写下来呢。如果我能读书和认字，那我一定会是世界上最快乐的人。"

"这就是你最大的愿望? 我想我能够帮助你。"查尔斯很高兴能帮助这个小男孩。

于是，查尔斯每天都利用出去玩的一个小时教这个孩子读书和写字。小男孩学习很用心，很快就会写很多字了，而且发音也很准确。

就这样，查尔斯一直坚持着做这样的事。后来，父亲的一位朋友来拜访，当问及查尔斯到哪儿去了时，父亲说："他可能去散步了。"

"我想他可能不是去散步了，"父亲的朋友说，"我经常看见他到渔夫家的船上玩。"

听了这样的话，父亲非常担心，那里很危险，尽管他已经警告过查尔斯了，但大多数孩子总是不愿意听这样的话。于是他匆匆赶往渔夫家，但是没看到那条船，渔夫一早就出去打鱼了。他开始为查尔斯担心起来。

就在不远的地方有个小木屋，那是渔夫的家。肯特先生走了进去，他看到了令人感动的一幕：查尔斯正坐在桌子一旁，桌子的另一边有个小男孩儿，他正在那里写着从查尔斯嘴里念出的字，还不时把自己写的字拿给查尔斯看，并且问道："老师，我写得对吗?"

查尔斯看到了父亲，他害怕父亲会不高兴，但他的担心是多余的。

父亲不仅没有不高兴，第二天，他还为查尔斯和那个小男孩儿买了书、纸、钢笔和墨水。因为父亲为儿子能够学会帮助别人而高兴。

给中国父母的教育建议

美国家长十分重视孩子乐于助人的品格养成，对于他们来说，孩子需要有自我，但一味陷在自我的圈子里，孩子就会变得自私狭隘。教育孩子助人为乐，每一个家长都有义不容辞的责任。许多美国家长都会像下面这样做。

让孩子在节日赠送礼物给他人

节日赠送礼物是为了鼓励孩子为别人付出，这个方法能让孩子每年都能记住与人分享的重要性。美国许多家长会在每月和朋友们聚会之前，让每个孩子都从他们的零用钱里拿出一部分购买礼物，赠送给朋友。

把食物赠送给穷人

许多美国家长总爱买贴有"买一赠一"标签的商品，这样每次购物之后，他们都把赠送的商品放在固定的地方，等孩子们在学校、教堂或者其他慈善机构需要捐献物品的时候，他们就从固定的地方拿就行了。这样的话，家长就能保证总是有足够的东西捐献给穷人，而不需要额外再跑去商店购买了。

动员孩子拿出玩具

许多美国家长会让孩子把自己的玩具分类，让他们决定哪些玩具不是必须要的，然后，把可以不要的玩具装到盒子里送到教堂的幼儿园。这是种教孩子学会作出决定的好方法，而且同时孩子们也帮助了别人。

这三件事是几乎每个有条件的美国家庭都会去做的，中国家庭与之相比，在这方面就薄弱很多。对于中国家长来说，培养孩子助人为乐的品格往往被轻视，当然，完全照搬美国的教育方法是不切实际的，那么，中国家长应该做些什么呢？

父母以身作则

在生活中，父母的行动是孩子的一面镜子。要培养乐于助人的核子，最重要的就是以身作则，如果家长言行不一，即使把原则和指令讲得头头是道，孩子也是不会养成助人为乐的习惯的。父母一定要为孩子做出榜样，如邻里之间互相关照；帮助孤寡老人的生活；心系灾区灾民，为灾区捐款捐物；单位同事遇到困难时给予帮助和关照；哪怕在公共汽车上给人让个座，这种教育的作用是潜移默化的，将会收到润物细无声的效果。

布置有用的任务

让孩子在房屋四周或是校园里做点有益的事情，比如做饭，照料宠物，给不幸的孩子制作玩具，或者教更小的弟弟妹妹们做游戏，这些都可以培养大多数孩子乐于助人的品质。当然，不是所有的孩子都能自发做这些事，必须有人教他们、鼓励他们，甚至有时强迫他们才行，但只能是温和的强制，否则会适得其反。

鼓励孩子积极参加集体活动

要培养孩子助人为乐的习惯，鼓励孩子积极参加集体活动是一个最有效的措施。在集体活动中，孩子可增长见识、开阔视野、结识伙伴、培养广泛的兴趣，并在集体活动中和同学们互相帮助。家长要善于在集体活动后与孩子谈心，有意识地进行集体主义教育，让他们关心集体，为集体办好事。当孩子有为集体办事的愿望时，家长要积极鼓励，切实帮助，有物有钱可适当赞助。家长要教育孩子在交往中诚恳待人，助人为乐，做一个别人信得过的人。要让孩子懂得，遇事为别人着想，当自己有困难时，别人也同样会关心帮助你，在与伙伴的交往中，他们会得到心理的满足，从而产生追求交往合作的意向。

先生，我想您不小心丢了金币……
——赋予孩子一颗感恩的心

格雷奇：家境贫寒的小女孩，孝顺父母，诚实善良。

卡尔：面包师，小镇上"最富有"的人。

美国的一个小镇上，饥荒让所有贫困的家庭都面临着危机，因为对于他们来说，最起码的温饱问题都难以解决。

小镇上最富有的人要数面包师卡尔了，他是个好心人。为了帮助人们度过饥荒，他把小镇上最穷的 20 个孩子叫来，对他们说："你们每一个人都可以从篮子里拿一块面包。以后你们每天都在这个时候来，我会一直为你们提供面包，直到你们平安地度过饥荒。"

那些饥饿的孩子争先恐后地去抢篮子里的面包，有的为了能得到一块大点儿的面包甚至大打出手。他们心里只想着要得到面包，当他们得到的时候，立刻狼吞虎咽地把面包吃完，甚至都没想到要感谢这个好心的面包师。

面包师注意到一个叫格雷奇的小女孩儿，她穿着破旧不堪的衣服，每次都在别人抢完以后，她才到篮子里去拿最后的一小块面包，然后她总会记得亲吻面包师的手，感谢他为自己提供食物，但并不吃那块面包，而是拿着它回家。面包师想："她一定是回家和自己的家人一起分享那一小块面包，多么懂事的孩子呀！"

第二天，那些孩子和昨天一样抢夺较大的面包，可怜的格雷奇最后只得到了昨天一半大小的面包，但她仍然很高兴。她亲吻了面包师的手后，依旧拿着面包回家了。到家后，当她妈妈把面包掰开的时候，一个闪耀着光芒的金币从面包里掉了出来。妈妈惊呆了，对格雷奇说："这肯定是面包师不小心掉进来的，赶快把它送回去吧。"

小女孩儿拿着金币来到了面包师家里，对他说："先生，我想您一定是不小心把您的金币掉进了面包里，幸运的是它并没有丢，而是在我的面包里，现在我把它给您送回来了。"

面包师微笑着说："不，孩子，我是故意把这块金币放进最小的面包里的。我并没有故意想要把它送给你，我希望最文雅的孩子能得到这块金币，是你选择了它，现在这块金币是属于你的了，算是对你的奖赏。希望你永远都能像现在这样知足、文雅地生活，用感恩的心去面对每一件事。回去告诉你妈妈，这个金币是一个善良文雅的女孩儿应该得到的奖赏。"

给中国父母的教育建议

懂得感恩，是多少中国孩子缺失的教育！中国的父母大多为孩子不计付出、甘愿牺牲一切。公共汽车上，父母会让孩子坐，孩子也没有谦让之意；走累了孩子让妈妈抱，殊不知妈妈走得也很累……让孩子在体谅和感恩中健康成长吧，让他们知道，他们应该关心父母、感激父母！

旅馆中有三个黑人孩子正坐在大堂的椅子上七嘴八舌地开着"会议"，三个人的小脑袋几乎都贴在了一块儿，孩子们的母亲此刻正在服务台办理住宿手续。

每个孩子手里都拿着笔和纸，在他们的旁边还放着几个信封。他们是要在这写作业吗？还是……都不是！孩子们说他们是在给母亲写感谢信！

给母亲写感谢信？闻所未闻！

原来，给母亲写感谢信是孩子们的母亲给他们规定每天必做的"功课"，不规定内容，只要发自内心，随便他们写什么感谢内容！

老大写了八九行字，不过内容看上去却让人有些摸不着头脑，是夸奖天气与自然景色的。

老二写的稍少一些，是描写昨天吃的食物好极了。

最小的妹妹写的就更少了，甚至连一个整句的话还不会写，她在纸上写着：妈妈对我笑，我吃饱。

多么可爱的三个孩子！多么"有心"的一位母亲！美国家长会有意识地让孩子学会感恩，让孩子学会如何"爱"父母，他们让孩子明白，在家庭里，父母对子女之爱不是单向的，而应是双向互动的。做子女不仅接受来自父母之爱，更应懂得爱的反馈和回报。但是，中国这样的家长却不多。

妈妈对女儿幕幕疼爱有加，什么事都替女儿包办了，也从不舍得让她干家务活儿，即使是端茶倒水这样的事，妈妈也是从不让女儿碰，把女儿"侍候"得就像是公主一般，在女儿的内心里，也认为妈妈做这些事是理所当然的，所以，她从来不懂得感恩。

有一次，妈妈下班回家，有点不舒服，让女儿捶捶背，可是女儿连头都没回："没看见我在看电视吗？让爸爸去捶。"

妈妈听后伤心得不得了，养了十几年的女儿一点都不懂得感恩，竟然让她捶捶背都这么难。

孩子变成这样，都得归于父母教育的结果。因为现在家庭的孩子大都是独生子女，对孩子都过于娇惯。父母不舍得让孩子去干活儿，天长日久，孩子就会认为父母为他所做的一切都是应该的，所以，根本不会对父母表现出一点感恩之情。

有一位美国妈妈曾这样夸奖自己的女儿：

女儿丽莎慢慢长大以后，时常会关心体贴我，这让我非常感动，我已经体会到了"女儿是妈妈的贴心小棉袄"这句话的意义，真正感觉到了幸福！

每当天冷刮风的时候，丽莎自己戴上帽子，也不忘告诉我："妈妈，你也戴上帽子吧。"

"不用，妈妈不冷。"

可她总是坚持，以一副大人的口吻说："快戴上吧！要不该冷了！"

就是这一句关心的话，使我的心很暖，根本感觉不到冷。

吃饭的时候，我在盛饭，丽莎和爸爸都坐在餐桌旁，丽莎的爸爸准备吃了，丽莎对爸爸说："你不要吃，等妈妈来一起吃！"

看爸爸已经吃了，她还是说："哼！我等妈妈一起吃！"

我要是夹菜够不到，丽莎就把菜盘推到我前面，就这些细节，我真的感受到宝贝对我的爱。

每当我不舒服的时候，她会让我躺下，温柔地说："趴一会儿就好了，喝点热水吧！"

可能每次她不舒服的时候，我是这样做的，她都学会了，学会关心照顾别人了。

我看电视因为剧情感动而哭了，丽莎就会很认真地看着我，说："妈妈，你怎么了？谁欺负你了？"

那时我都会笑出来，说："谢谢乖女儿的关心，妈妈没事，妈妈是看了电视剧而感动了！"

每次我做饭的时候她都会帮我把厨房的门关好，看到我切菜或水果，总是嘱咐我要小心。记得有次我的手被划伤，第二天我都忘了，而丽莎

却抓住我的手，看好了没有。

有这样一个女儿，看到她，心里比吃了蜜还甜。

前后两个孩子对待妈妈的态度截然不同，一个根本不懂得感恩，一个却非常孝顺自己的妈妈，源于两位妈妈的教育方法的不同。父母应该从小注重对孩子感恩之心的培养。让孩子意识到父母也需要他人的关心、爱护；还要营造一个和谐的家庭氛围，当孩子帮父母做事后，父母应表达谢意；父母为孩子做事，也要让孩子知道体贴和感谢父母。

当孩子怀着一颗感恩的心对待生活时，他就会心情开朗，做人就会诚实守信，做事也会明辨是非，知道孝敬父母，愿意与人为善，喜欢助人为乐，各种美德也就自然而然地集于一身。

父母应培养自己的孩子有一颗感恩的心，以下几条建议父母可以借鉴一下。

创造一个感恩的和谐氛围

在和谐的家庭氛围中成长出来的孩子，更懂得感恩。

克里斯蒂生活在一个幸福的家庭，有爸爸、妈妈，还有爷爷和奶奶。一家五口人生活在一起，从来没吵过架。克里斯蒂的爸爸和妈妈的感情特别好，从来没有红过脸，而且对父母也很孝顺，父母对他们的孝顺也感到十分欣慰。在这样一种家庭氛围里，克里斯蒂虽然是家里的宝贝，但一点都不娇气。她与同学相处和谐，与老师关系良好，是个人见人夸的懂事孩子。

环境对孩子的影响很大，给孩子一个和睦的家庭环境，让孩子体验到那种温情和感恩，这样孩子就会无形中被感化。

父母做出感恩的表率

"上梁不正下梁歪"的老理儿是不错的，如果没有感恩的父母，如何能教育出懂得感恩的孩子呢？

萨拉是一个乖乖女，从小就很懂事，妈妈下班后，她为妈妈又是拿拖鞋，又是倒水，妈妈说累了，懂事的萨拉还用小手为妈妈捶背。邻居朋友都夸萨拉懂事，实际上，萨拉也是从妈妈那里学来的。

萨拉的奶奶瘫痪在床，每天都是妈妈给她梳头、做饭、洗衣服。萨拉看到妈妈对奶奶这样，也学着妈妈的样子，像个小大人似的，在家里忙里忙外。

父母是孩子最早模仿的对象，尤其是母亲。因此，如果想让孩子学会感恩，知道孝顺，父母首先就要给孩子做出表率。

爸爸，给我买辆小马车吧！
——让孩子懂得珍惜

美国家庭教育实例

赖特：6岁，调皮的男孩，喜欢"砸玩具"，不懂得爱惜东西。

米勒：赖特的父亲，银行职员。

一天，米勒夫妇俩带着儿子赖特上街，在一个商店里，赖特被玩具柜里的小积木、小车等玩具吸引住了。

"爸爸，给我买辆小马车吧！"赖特拉着米勒的手说。

"买玩具可以，但必须答应爸爸的条件。"米勒说。

赖特眨了眨他那双小眼睛，心想爸爸只要给他买玩具，什么条件都可以答应。

"爸爸，我答应你的条件。"他高兴地说道。

"买玩具是用手开发智力，如果你不爱惜玩具，故意将玩具摔坏或丢失，我就不会再给你买玩具了。"米勒严肃地说道。

"爸爸，你放心吧，我绝不会那样做的。"赖特高兴地说。

"真的能够办到吗？"米勒认真地说。

"有妈妈作证。"赖特回答说。

"好！"

米勒伸出手指和赖特拉了钩。于是给赖特买了小积木、小马车等许多玩具。天天玩着这些小积木、小马车模型，6岁的赖特心里有说不出的高兴。可时间一长，他便对这些玩具失去了兴趣，于是把这些玩具都砸烂了。

一天，米勒从书房里出来看到那些被砸烂的玩具，心里难过极了。他当时没有批评赖特，只是想："赖特这样不爱惜东西是不行的。我一定要帮他改正这个毛病。"

没过多久，赖特又吵着要米勒的夫人为他买玩具。米勒夫人没有同意。赖特便坐在地上大声哭叫，米勒夫人动了恻隐之心，便来向米勒提出再给赖特买玩具。

"买几件玩具是件小事，可是纵容了赖特有意损坏东西、不爱惜东西的行为可是件大事。"米勒对夫人解释说。

米勒夫人点了点头，认为米勒说得有理。于是夫妇俩都不再理会赖特的要求。赖特尝到了父亲的厉害，从此再也不敢随意损坏东西了。

给中国父母的教育建议

许多中国家长感慨，现在的孩子太不懂得珍惜了，从玩具、书籍到友情等，好像什么都不在乎。其实孩子不懂得珍惜的坏习惯与家长的教养方式有很大的关系。美国家长从小就会教育孩子珍惜身边的物、人，比如上面教育实例中的米勒夫妇，为了纠正孩子不随意损坏东西的习惯，"狠心"不给孩子买东西。而在中国，明白道理的家长很多，做到的却很少。从现在开始，家长要适当改变自己的教养方式，让孩子学会珍惜。

不要让孩子"要什么有什么"

从教育的角度来看，爱不等于物质上的满足，更不是给孩子的享受越多就算爱得越深。孩子年龄小不知道东西来之不易，但让孩子要什么有什么、得到太容易也会使他们在失去时不觉得可惜。所以家长除了掌握经孩子物质的量外，还可以在买一些价格较高的物品时，和孩子一起慢慢攒钱，这样经过一段时间的盼望，孩子会体验到来之不易，从而引起珍惜的情感。

让孩子体验与别人分享的快乐

怎样做到这一点呢？比如，在春节期间，孩子的礼物众多，家长可引导孩子想一想，这些东西是否都留给自己，哪些东西可以分给别人？可以分配给谁？这样不仅可以抓住时机鼓励他们体验与别人分享的快乐，同时也可避免由于成人交往的需要而造成人为的浪费，给孩子造成负面的教育影响。对于根据传统习惯给孩子的压岁钱，成人可与孩子谈论：怎样使用更有意义。当孩子说出自己的想法，如给爷爷奶奶过生日时买蛋糕、和爸爸妈妈一起攒钱买汽车、支援灾区小朋友等，成人要帮助孩子实现他们的愿望，增强他们爱的情感。

和孩子一起修理玩具、修补图书

在修理玩具时，让孩子体会到弄坏玩具很容易，修理就不那么简单了，并引导孩子联想到制作玩具的辛苦。引导孩子修理玩具、修补图书，不仅能引导孩子爱护玩具，还能在解决修补的问题上发挥孩子的聪明才智，提高其动手能力。

你说话不算数！
——让孩子做一个言而有信的人

美国家庭教育实例

山姆：10 岁，小学生。

老山姆：山姆的父亲，拥有自己的农场。

有一次，山姆的父亲打算把花园里的小亭子拆掉，再另行建造一座大一点的亭子。小山姆对拆亭子这件事情非常好奇，想亲眼看看工人们是怎样将亭子拆掉的，他央求父亲拆亭子的时候一定要叫他。小山姆刚巧要离家几天，他再三央求父亲等他回来后再拆亭子，山姆父亲敷衍地说了一句："好吧！等你回来再拆亭子。"

过了几天，等小山姆回到家中，却发现旧亭子早已被拆掉了，小山姆心里很难过。吃早饭的时候，小山姆小声地对父亲说："你说话不算数！"

父亲听了觉得很奇怪，说："不算数？什么不算数？"

原来父亲早已把自己几天前说过的话忘得一干二净了。老山姆听到儿子的话后，前思后想，决定向儿子认错。他认真地对小山姆说："爸爸错了！我应该对自己说过的话负责！"

于是，老山姆再次找来工人，让工人们在旧亭子的位置上，重新盖

78

起一座和旧亭子一模一样的亭子，然后当着小山姆的面，把"旧亭子"拆掉，让小山姆看看工人们是怎样拆亭子的。

后来，老山姆总是说："言而有信，对自己的言语负责，这一点比万贯家财更为珍贵！"

给中国父母的教育建议

诚信是一个人品格的基石。一个讲诚信的孩子总是显得格外有魅力，无形之中就为自身魅力多加了几分。当然，这种品质也需要从小培养，美国家长就非常重视这一点。中国家长要想让自己的孩子变得出色一些的话，也一定要帮孩子养成诚信的品格，让孩子拥有一座无形的财富城堡。

> 小艾是个9岁的小姑娘，却总爱撒谎、说话不算数。暑假作业都拖了半个多月了，可还是一个字都没动，为此，妈妈感到很头痛。
>
> 妈妈每天上班之前，都要给小艾安排一些学习任务，并千叮咛万嘱咐，小艾也是满口答应。以她的速度一个小时就能全部做完，可每次妈妈回来，她都说："妈妈我忘记做了。"妈妈问她忘记的原因，小艾也是每次都以玩过头了为借口。每次妈妈都很严肃地告诉小艾："你这样说话不算数，我很不高兴，以后不能再这样了。"看到妈妈生气了，小艾又会马上答应："妈妈，你放心，我明天一定完成学习任务。"可是过后，小艾依旧那样，依旧会找借口。面对这样的女儿，妈妈都不知道该怎么办了。

相信每个父母都希望自己的孩子是个讲诚信的孩子，但是，许多孩子却是说的一个样，做的另一个样，极其不守信用。面对这样的孩子，父母该怎么办？当然，训斥和惩罚肯定是不管用的，这样做的结果只能加剧孩子撒谎的程度。家长可以参考下面几个建议：

对孩子的说谎行为不能姑息

说谎会成为习惯，家长对于孩子的说谎行为要严肃对待，认真处理，不能姑息。

宋丽丽有一次考完试回到家，妈妈问："女儿，这次考试考了多少分？"

宋丽丽犹豫了一下，马上说："成绩还没出来呢！"

妈妈从女儿犹豫的眼神中已经看出女儿在撒谎，所以又补充了一句，"真的没出来还是你考得不好不敢说？"

女儿神色慌张，但还是肯定地说："真的没出来！"

女儿一再坚持，妈妈也就没再追问了。

可是，当妈妈给女儿洗裤子时，发现她的口袋里有已被揉成团的卷子，妈妈一看，成绩只有 78 分。当时妈妈很想发火，但是她强压怒气，因为她知道，要给孩子机会，宽容孩子，允许孩子犯错，她想等待丽丽自己向她承认错误。

一个星期后，妈妈再次问丽丽考了多少分，丽丽还是说"成绩没出来"，这时候妈妈把宋丽丽叫过来，告诉她撒谎做错事，必须接受处罚，那就是一个月之内没有零用钱，而且还要扫一个星期的地，如果以后还继续撒谎的话，所有的玩具都得没收。这样，宋丽丽第一次受到了妈妈的处罚，也明白了只要犯了错误就要承认，无论是故意的还是无意的。

面对孩子的有意撒谎，父母一定要严肃对待，不能姑息，因为姑息了第一次，就可能会有第二次、第三次，甚至更多，要让孩子明白撒谎是不好的行为。

对孩子的诚信行为给予鼓励

在生活中，对于孩子的诚信行为，家长要支持且给予鼓励。

有一次，爸爸要带小苗去动物园玩儿，这可是小苗很早就期盼的了，但小苗拒绝去了。

爸爸有点生气，问道："你不是早就想去动物园看老虎了吗?"爸爸感到很奇怪，"今天我好不容易有点时间，你怎么又不去了?"

"爸爸，我今天约了隔壁的小军到咱家玩儿。"小苗有点难为情，"已经答应人家了，不能说话不算数啊!"

听了小苗的解释，爸爸冲小苗竖起了大拇指："真是好女儿! 你今天先和小军玩，爸爸下个星期带你去!"

在孩子守诚信的时候，父母要及时给予肯定和夸奖。这时候的夸奖，能够有效强化孩子的诚信行为，使诚信变成孩子的内在品德。

现在我还是最弱小的吗?
——改变孩子的自私心态

美国家庭教育实例

拉瑞：5岁，充满爱心，天真可爱。
特瑞莎：拉瑞的母亲，家庭主妇。

夏天的一个周末，5岁的拉瑞和哥哥肯特，跟父母一起到森林中去玩。森林里的景色是那么美好，空气是那么清新。他们来到林中的一片空地，那里盛开着美丽的铃兰花。

"看! 这儿还有一朵野蔷薇呢!"大家被拉瑞的叫声吸引过来。原来有一丛野蔷薇，被铃兰花簇拥着，开出了一朵粉红色的花。带着露珠的花朵随风舞动，芬芳扑鼻。一家人坐在野蔷薇旁边，聊起天来。

突然，雷声大作，天上飘下几滴雨点，紧接着，下起了倾盆大雨。妈妈特瑞莎赶紧从背包里拿出雨衣递给身边的肯特，肯特又把雨衣给了拉瑞。

拉瑞不解地问："妈妈，您和肯特都需要雨衣呀，为什么要给我呢？"

特瑞莎回答说："我们应该保护比自己弱小的。"

拉瑞又问："这就是说，我是最弱小的了？"

"要是你谁也保护不了，那你就是最弱小的。"特瑞莎说着摸了摸拉瑞的脑袋。

拉瑞朝蔷薇花丛走去。大雨已经打掉了两片蔷薇花瓣，花儿无力地垂着头，显得更加娇嫩。拉瑞掀起雨衣，轻轻地遮在蔷薇花上，问道："妈妈，现在我还是最弱小的吗？"

特瑞莎笑着说："不，不，你能保护更弱小的，你是勇敢的孩子啦！"

给中国父母的教育建议

在妈妈和哥哥潜移默化的引导下，拉瑞充满爱心地把雨衣遮在了蔷薇花丛上，这样的孩子心中有他人，就不会陷入自私的泥沼。美国家长深知自私的危害，一个自私的孩子往往过于看重自己，把自己放在最中心的位置，以自己的情绪为情绪，不愿为别人做牺牲，不关心他人痛痒。这种自私心态对于孩子来说是极为不利的，它会严重影响孩子的自我形象以致被人厌恶、瞧不起。所以，美国家长在生活中会十分注意这一点，以身作则，不让孩子成为一个自私的人。

可是，在中国，许多家长却不重视这一点，因此许多孩子养成了自私自利的不良性格。

蔡凤成绩非常好，班主任想让他做班长，把班级的整体成绩带上去，没想到却遭到他的拒绝。班主任不明白为什么，问道："当班长有什么不好？"

"当班长有什么好呢？"蔡风轻声反问，"太耽误时间，考试看的是成绩，不是看你是不是班长。"

蔡风的一番言论让班主任吃惊不小，看来同学们对他的反映是真的。蔡风是寄宿生，平时吃住都在学校，他的很多同学在和老师谈心的时候都说他太自私，从不肯帮助别人。

"蔡风从来不参加课外活动，说是浪费时间！"

"我问蔡风这道题如何解，他明明知道，却不教我！"

"我不爱和蔡风搭伙儿吃饭，好吃的全被他扒拉走了！"

老师认为成绩固然重要，可是良好的品质同样对人生有着重要的意义。于是一个周末，他来到了蔡风家里做家访。

"老师，你怎么来了？快请快请！"蔡风的父亲打开门，有些惊愕。

蔡风一家人正在吃饭，一桌坐了6个人，爷爷、奶奶、外公和蔡风一家三口。

"你们先吃，吃完了我们再谈！"老师见来的不是时候，退到了客厅，让他们先吃饭。

喝着茶，老师听见：

"风，你爱吃排骨，都给你！"

"奶奶，把你的坐垫给我坐坐，冷得很！"

"风，你爸爸不同意给你买的MP4，这次你考得好，妈送给你！"

从这几句言辞中，老师有些明白蔡风为什么养成了自私的心态了，他决定一会儿好好和蔡风的家长谈谈。

故事中的蔡风是个自私的孩子，这类孩子凡事都希望满足自己的欲望，却往往置别人的需求于不顾，家长如何帮助这样的孩子呢？

孩子养成"自私"性格的原因

孩子产生"自私"这种心理现象的原因主要有以下几个。

第一，孩子天生的利己倾向。如果孩子的心理发展未达到成熟阶段，他们往往认为"我即世界"，这种"自我中心"的意识很容易导致孩子固执己见，不能接受公正、正确的意见。自私的孩子衡量外界的标准便是是否有利于他，相应的行为也如此。

第二，家庭过分宠爱。很多父母在教育孩子时，会提醒孩子"自己"要如何如何，而没有引导孩子从"自己"与他人的关系这个角度去思考，比如"别管别人谈不谈恋爱，你管好自己别谈就行了！"这样一来就会把"自私"的种子播种在孩子的心里，形成不良的心理品质。另外，长期过分溺爱、娇纵，特别是祖辈和父母众星捧月的态度，以及孩子说一不二的核心位置，也会助长孩子的独占欲，强化他们的自我中心意识。

给予孩子及时的提醒和讨论

当孩子表现出自私行为时，立即的强烈责备反而不好，应给予孩子提醒和与之进行讨论。讨论应在轻松愉快的气氛中进行，讨论的题目是使孩子了解自私的后果——自私的孩子不受欢迎。孩子为了不落到没有朋友玩、没有好声誉的结果，会留意自己的自私行为并注意改正。

鼓励孩子积极参加集体活动

对还是学生的孩子来说，集体就是小组、班级、学校及假期里的活动小组。孩子学习和生活在这些集体组织里，就应该同这些组织的其他成员团结互助，共同完成集体活动的任务，并在这个过程中形成初步的集体主义意识。但自私的孩子在集体中与集体格格不入，做事情斤斤计较，有些家长也错误地认为参加集体活动没意思，这是不对的。家长应当和学校教师保持经常的联系，了解孩子在集体中的表现，支持孩子为集体做好事，倾听孩子参加集体活动后的感受，教育孩子在集体活动中团结友爱、勇挑重担、遵守纪律，并帮助孩子克服狭隘自私、重名重利、害怕吃亏等错误思想。

让孩子深刻认识自私的危害

孩子认识问题容易片面、肤浅，仅仅从直觉来判断正误，随性而为，家长要引导孩子从深层次认识问题。比如，家里的好东西孩子多吃多占，从表面看他沾了光，但从深层看，好东西吃得多，差东西吃得少，就会出现营养失衡，甚至于造成肥胖等症。再比如担任班干部，从表面看花费了自己的精力，有时还会受气，但从深层看可以利用这种机会向各位同学学习，锻炼自己的组织管理能力。家长应及早向孩子敲响警钟，使孩子在认识上和情感上同自私告别。

真不知道老师是怎么想的……
——帮助孩子克服自负心理

美国家庭教育实例

威廉：10岁，活泼好动，缺乏耐心，好大喜功。
艾瑞：威廉的舅舅，在乡下经营农场。

初秋时节的一天，威廉头一回从叔叔艾瑞手里接过鱼竿，跟着他穿过树林去钓鱼。多年的垂钓经历使艾瑞深谙何处小狗鱼最多，他特意将威廉安排在最有利的位置上。威廉模仿别人钓鱼的样子，甩出钓鱼线，宛若青蛙跳动似的在水面疾速地抖动鱼钩上的诱饵，眼巴巴地等候鱼儿前来叮食。好一阵子什么动静也没有，威廉不免有些失望。

"再试试看。"艾瑞鼓励他道。

忽然，诱饵消失得无影无踪了。

"这回好啦，"威廉暗忖，"总算来了一条鱼了。"他赶紧猛地一拉鱼竿，岂料扯出的却是一团水草……

威廉一次又一次地挥动发酸的手臂，把钓线扔出去，但提出水面时却总是空空如也。他望着艾瑞，脸上露出恳求的神色。

"再试一遍，"他若无其事地说，"钓鱼人得有耐心才行。"

突然间，好像有什么东西在拽他的钓线，旋即将钓线拖入了深水之中。他往上一拉鱼竿，就看到一条逗人爱的小狗鱼在璀璨的阳光下活蹦乱跳。

"艾瑞！"威廉掉转头，欣喜若狂地喊道，"我钓到一条！"

"还没有哩。"艾瑞慢条斯理地说。他的话音未落，只见那条惊恐万状的小狗鱼鳞光一闪，便箭一般地射向了河心。

钓线上的鱼钩不见了。他功亏一篑，眼看到手的捕获物又失去了。

威廉感到分外伤心，满脸沮丧地一屁股坐在草滩上。艾瑞重新替他缚上鱼钩，安上诱饵，又把鱼竿塞到威廉手里，叫他再碰一碰运气。

"记住，小家伙，"他微笑着，意味深长地说，"在鱼儿尚未被拽上岸之前，千万别吹嘘你钓住了鱼。我曾不止一次看见大人们在很多场合下都像你这样，结果干了蠢事。事情未办成之前就自吹自擂一点用也没有；纵然办成了也无须自夸，这不是明摆着的吗？"

给中国父母的教育建议

无论什么时候，谦虚的孩子总是更受欢迎一些，自负的孩子总会给自己招惹很多麻烦和苦头。然而，孩子总是非常容易就产生自负的情绪的，那么，一般来说，面对自负的孩子，美国家长是怎么做的呢？

找到孩子形成自负心理的原因

自负是以超越真实自我为基础的一种自傲态度和情绪体验，是一种不良个性的具体体现，其形成原因是多方面的。

第一，父母、老师的评价不恰当。家庭是孩子成长的摇篮，家长的态度和评价无疑是他们人生中第一面、也是重要的一面镜子。如果家长溺爱孩子，对孩子总是表扬、夸赞其优点，对其缺点视而不见、避而不谈，那么这面镜子就会失真。这些片面的评价会给孩子一种错觉，以为自己就像父母所说的那样了不起，似乎没有任何缺点，而这些孩子在学校一旦被老师贴上"好学生"的标签，会进一步强化其自负的心理。

第二，自我认识的偏差。自负主要是孩子对自己作了过高估计，这是自我认识发生偏差的表现及结果。孩子初期最有价值的心理成果就是发现自己的内部世界。内部世界的丰富令他们惊讶，内部世界的复杂又令他们困惑。这种自我反思、自我观察受到自身认识水平的极大影响，由于其反省思维水平不高，加之成人感、独立意向的发展，在逆反心理的驱使下可能会反感甚至拒绝老师、家长的"帮助"，从而导致对自我的认识出现程度不等的偏差。其中两种极端化的情况是：有的孩子只看到自己的优点，看不到自己的缺点，或者夸大自己的长处，缩小自己的短处，过高估计自己的能力，相对于同伴有较强的优越感，从而产生自负心理。另一种极端化的情况则是过低估计自己，从而产生自卑心理。

第三，生活中缺少挫折和磨难。人的发展会受到生活经历的极大影响。生活中遭受过许多挫折和打击的人，很少有自负的心理，而生活中如果一帆风顺，则很容易养成自负的性格。如果孩子家庭条件优越，在学校也表现得很好，总能获得肯定，目标总能实现，这样的顺境会使他们产生无我不能、无所畏惧的错觉，因而盲目自信和自高自大。

第四，情感上的偏颇。有些孩子自尊心特别强烈，为了保护自尊心，在挫折面前，常常会产生两种既相反又相通的自我保护心理。一种是自卑心理，通过自我隔绝，避免自尊心的进一步受损；另一种就是自负心理，通过自我放大，获得对自卑不足的补偿。例如，一些家庭经济条件不很好的学生，怕被经济条件优越的同学看不起，装清高，在表面上摆出看不起这些同学的样子。这种自负心理是自尊心过分强烈的表现。

帮助孩子克服自负心理

孩子抱有自负心理对其成长是极其有害的，家长应帮助孩子正确地认识自己，克服自负。

第一，正确评价孩子。孩子的自我认识受到成人评价的极大影响，这就要求父母在进行评价时要客观、全面，不能只看到其优点，更要指出其缺点，万万不可忽视、缩小甚至帮助其掩盖缺点。对优点要表扬，但要适度。要让孩子意识到作为家庭、学校、社会的一员，理应有合格的表现。家长要提醒自负的孩子在归纳原因时要注意实事求是，要认识到老师、家长、同学的帮助以及一些客观条件的促进作用，切不可把成功完全归功于自己而沾沾自喜。

第二，让孩子正确评价自己。孩子出现骄傲自大的坏习惯往往是过高地估计了自己，认为自己比谁都强，只看到自己的长处，看不到自己的短处，拿自己的长处比他人的短处。因此，狂妄自大，不会设身处地地替别人着想。作为父母应耐心地教导孩子，让孩子学会正确地评价自己，既认识到自己的优点，又看到自己的不足。家长还需要规范孩子的行为，督促他们改正骄傲自大的坏毛病，告诉孩子在交友中应该怎样做，不应该怎样做，并加以训练和指导，使其养成良好的行为习惯。

第三，指导孩子学会欣赏他人。学会欣赏他人才不会自视过高，对于孩子来说，学会欣赏他人并非易事，但只要在日常生活中稍加注意，从点滴做起，慢慢就会做到，从而克服自负心理，比如学会宽容、学会倾听、尊重与理解他人、关心爱护他人等均有助于孩子克服自负心理。家长可以让孩子为同班的每一位同学写出 3 条优点，并对同学当面给予赞扬。当孩子跳出狭隘的自我圈子，自负心理也就会悄然隐遁。

第四，以适当的方式进行"挫折教育"。家长可对自负的孩子提出更高的要求，安排难度更大的任务，让其遭受挫折、品味失败、清楚地看到自己能力的不足，体验需要别人指导和帮助的感觉。

第五，奖励以精神鼓励为主，物质奖励为辅。其实，一般情况下，孩子只要能得到口头表扬，心理上就会得到满足。过多的物质奖励，有时会让孩子沾沾自喜、高傲自大、忘乎所以，甚至产生不思进取的心态，家长要防止孩子被夸奖声和赞许的目光所包围，不要让孩子因获得过多的物质奖励而产生畸形的满足感，懒于进取和努力，从而削弱了进取意识。

衣服嘛，能穿就行！
——小心虚荣成为孩子成长的绊脚石

美国家庭教育实例

罗斯福：美国 31 位、第 32 任总统。

罗斯福身为总统，但仍然过着俭朴的生活，并且对子女要求严格，不让他们养成虚荣、挥霍、攀比的习气。

罗斯福有一块私人的土地，虽然号称小白宫，但其实只不过是这位总统在 20 世纪 40 年代，花 8000 美元建的一座木质小别墅。在这栋别墅里，他的书房、卧室、卫生间都非常狭小，均不超过 10 平方米。别墅里的床全是宽一米多一点的油漆木制单人床，绝无其他雕饰。他平时玩扑克、抽烟用的方形茶几是长宽不过 80 厘米的木桌，烟灰缸只是一只极普通的小玻璃制品。对于穿着，罗斯福总是说："衣服嘛，能穿就行；东西嘛，能用就行。"

总统家里没任何奢侈品和别的值钱之物。据说家里最值钱的东西是他和仆人闲暇时，一起制作的一只模型小木帆船（他曾以5000元拿去抵押过）。另外就是几十根友人送的拐杖。

在罗斯福的"身教"下，他的子女也过着俭朴的生活，并没有像其他富贵人家一样讲究吃穿、讲究派头。

给中国父母的教育建议

美国家长在生活中十分注意培养孩子艰苦朴素的品质，杜绝虚荣现象的发生。比如，他们给孩子生日礼物，更注重意义，而不会在意价值，更不会让孩子予取予求。然而，在中国，随着物质条件的好转，在孩子的成长过程中，常会有虚荣、攀比的情况发生，过生日去四星级酒店的孩子不在少数！

孩子的虚荣一定要引起家长的重视，如果家长及时发现，采取正确的引导策略，那么虚荣心可以转化为进取心；如果家长不加重视，任其发展，那么虚荣心就会成为孩子健康成长的绊脚石。

孩子虚荣心强的表现

孩子过强的虚荣心往往表现在以下几个方面。

第一，对自己的能力、水平估计过高，常常在别人面前炫耀自己的特长和成绩。比如，以"神童"自诩，认为自己什么都会。爱听表扬，听到表扬就得意非凡；受不了批评，只能赢、不能输，否则大哭大闹，失去心理平衡，或者对于批评则不以为然、拒不接受。

第二，常在同学和伙伴面前夸耀自己父母的地位或者家境的富足，以凸显出自己的优越感。比如夸耀自己家的"空调"、"音响"，自己和爸爸"乘飞机、住宾馆"，等等。

第三，讲阔气赶时髦，特别注重穿着打扮，不关心衣服是否适合自己的体貌，只关心衣服是不是名牌。看见别人穿了件新衣服，一定要买件漂亮的，穿了双新鞋会时时把脚伸给别人看。

孩子虚荣心强的原因

那么，是什么原因让孩子掉进虚荣的漩涡呢？

第一，孩子的自尊心。每个孩子都有自尊心，都希望受到他人的尊重。可是，当一些孩子被尊重的需要得不到满足时，他们便通过一些不适当的手段来获得满足，这就是虚荣。比如，孩子根本没有去过日本的迪斯尼乐园，但却和同学胡乱吹嘘，说自己曾经去过。其实，孩子就是通过撒谎在满足自己被尊重的需要。因此说，虚荣心是一种扭曲了的自尊心。

第二，社会的不良风气。现在的社会有许多不良风气，这也是导致孩子虚荣的原因之一。比如，很多孩子小小年纪就穿名牌，吃西餐，一个玩具就要好几百，价钱低廉的衣服、食品、玩具根本不入他们的眼，孩子在这样的氛围里怎能不攀比呢？

第三，家庭环境。孩子虚荣心形成的原因也可能来自家庭。由于现代的家庭孩子少，父母总怕孩子受委屈，于是对孩子总是有求必应。自己孩子穿的、戴的都不能比别的孩子差，别人的孩子买什么咱家的孩子也得买，绝不能让人家比下去。于是在家长无意识的纵容下，孩子的欲望无限地膨胀。

孩子虚荣心强的对策

虚荣心强对孩子来说无疑是一种可怕的不良心理。爸爸妈妈对虚荣心较重的孩子不能掉以轻心，而应当采取正确的方法加以纠正。

第一，多给孩子讲道理。面对虚荣心较强的孩子，家长应该让孩子明白，与别人攀比、拥有名牌并不意味着拥有了较高的地位，只有依靠自己的努力取得成功，才能获得别人的尊重。家长可以选择一些名人的故事，比如梵高、贝多芬等，他们都没有钱，可以说是穷困潦倒，但是他们通过自己的努力，取得了非常大的成就，非常高的地位。通过这些鲜活的事例，让孩子明白，盲目追求外在的虚荣是不可取的，真正的成功来自内心的强大。

第二，让孩子通过自己的劳动获得想要的东西。当虚荣心强的孩子问家长要这要那时，家长不妨为孩子创造一些机会，让孩子靠自己的劳动挣钱购买所需要的东西。当然，前提是孩子的要求是合理的，应该予以满足的。如果孩子提出一些不合理的要求，家长应该立场坚定地拒绝。

第三，不要孩子一哭闹就妥协。有的孩子非常爱耍"小聪明"，他们会使用"沮丧"、"哭闹"等伎俩，让父母心软，达成自己的愿望。这时候家长一定要"狠心"一些，不要纵容孩子，免得助长孩子奢侈的消费观念和攀比心理。家长最好和孩子订立一个规则，比如多长时间为孩子购买书本、玩具，这样既不会因为拒绝其要求而伤害了孩子，也不至于让孩子形成奢侈的消费观念和攀比心态。

第四，条件优越的家庭应该有一种平常心。部分家庭的条件可能比较优越，家长在这种情况下应该保持一种平常心，在孩子面前尽量淡化家庭的优越条件，尊重别人，不炫耀自己，这样孩子才能更好地融入到社会生活中。

第五，正确引导孩子的攀比心。其实，孩子与别人攀比，说明孩子当时的心理有竞争倾向，想达到别人同样的水平或超越别人，如果能抓住这种心理，让孩子在学习、才能、意志力、良好行为等方面进行攀比，正确引导孩子发奋努力，勇于赶超，将有助于孩子的心理发展。

第六，从小培养孩子"悦纳自己"。"悦纳自己"是心理健康的重要标志，它包括：正确地认识自己，恰当地评价自己。其中最难办的是"愉快地接受自己"，因为不但要接受自己的长处，而且要接受自己的短处；不但要接受自己的优势，而且要接受自己的不足；不但要接受自己的过去，而且要接受自己的现状。因此，家长应培养孩子悦纳自己的能力，以开车为例，要让孩子觉得，其实小奥拓也是不错的，毕竟还有很多家庭没有买车。如果孩子能够愉快地接纳家庭目前的现状，那么就不容易陷入虚荣的泥沼。

第四章 关于素质——培养

美国孩子内心强大的关键

我想去埃及!
——支持并鼓励孩子的梦想

山姆：出身贫寒，长大后考上了美国的普林斯顿大学，最大爱好是旅行。

史蒂夫：山姆的哥哥，脾气有点急躁。

山姆从小就为各地风格迥异的风景所着迷。一次考试，山姆考了第一名，奖品是一本世界地图册。山姆特别高兴，一有工夫就抱着这本世界地图册看。

一天，家人都在洗澡，所以就让山姆帮忙看着炉子上烧的热水。山姆一边看水，一边又习惯性地拿出世界地图册开始看。刚好看到的是一张埃及地图，小山姆完全沉浸在兴奋中，古老的埃及金字塔、尼罗河、法老、很多神秘的东西……他心想以后长大一定要去埃及看看。

正想得出神，后背重重地挨了一拳。原来水早烧开了，沸腾的水把炉子都浇灭了，他的哥哥史蒂夫在里面听到了响声，从浴室里冲了出来。

史蒂夫很生气地问山姆："你在干什么？"

山姆说："我在看埃及地图，我想去埃及！"

史蒂夫鄙视地说："火都熄了，看什么地图！"他用力在山姆的屁股上踢了一脚，把山姆踢到火炉边，用很严肃的表情说："我给你保证！你这一辈子都不可能到那么远的地方去！赶快生火！"

山姆看着哥哥，呆住了，满脑子都是："这一生我真的不可能去埃及吗？"他很痛苦，这时候，他的妈妈来了，了解了事情的经过后，对山姆说："我和你哥哥的看法不一样，你的人生没有谁能下定论，我们的山姆也许以后真的能去埃及呢！不过要让梦想成真，你现在应该做好自己的人生规划哦！"

听了妈妈的话以后，山姆的心情又好了。

20年后，山姆考上了美国的普林斯顿大学，在上大学期间，他第一次出国旅行了，地点就是埃及！到达埃及后的第一天，山姆坐在金字塔前面的台阶上，买了张明信片写信给哥哥。山姆写道："亲爱的史蒂夫哥哥，我现在正在埃及的金字塔前面给你写信，记得小时候，你打了我一拳，踢了我一脚，保证我不能到这么远的地方来，现在我就坐在这里给你写信。"

史蒂夫收到明信片很开心，逢人就说："一脚把弟弟踢到埃及去了。"

给中国父母的教育建议

在对待孩子的"梦想"一事上，中美两国家长是有差距的。美国的家长特别重视孩子的梦想，不会轻易打击孩子，他们会像山姆的妈妈一样鼓励孩子，帮助孩子规划人生，设立人生目标。而在中国，由于高考的压力，许多家长忽略了对孩子的理想教育和职业发展的指导，当孩子说出自己的"梦想"时，许多家长只是笑笑，更有甚者会打击、嘲讽孩子。

那么，面对"做梦"的孩子，家长怎样做才是正确的呢？

相信孩子的梦想，没有什么不可能

许多年以前，一位穷苦的牧羊人带着两个年幼的儿子，靠为别人放羊来维持生活。一天，他们赶着羊来到一个山坡。这时，他们看见了一群大雁，鸣叫着从他们头顶飞过，很快从自己的视野中消失。

"大雁要往哪里飞？"牧羊人的小儿子问他的父亲。

牧羊人回答说："为了度过寒冷的冬天，它们要去一个温暖的地方安家。"

"要是我们也能像大雁一样飞起来就好了，那我就要比大雁飞得还要高，去天堂看妈妈。"他的大儿子眨着眼睛羡慕地说。

"做个会飞的大雁多好啊！可以飞到自己想去的地方，那样就不用放羊了。"小儿子也对父亲说。

牧羊人沉默了一下，然后对儿子们说："如果你们想，你们也会飞起来。"

两个儿子试了试，可并没有飞起来。他们用疑惑的眼神看着父亲。

牧羊人说："看看我是怎么飞的吧。"于是他飞了两下，也没飞起来。牧羊人肯定地说："可能是因为我的年纪大了才飞不起来，你们还小，只要不断努力，就一定能飞起来，去你们想去的地方。"

儿子们牢记着父亲的教导，并一直不断地努力。等他们长大以后终于飞起来了，他们就是美国的莱特兄弟——飞机的发明者。

孩子有很多看似不切实际的梦想其实都是有可能实现的。这是因为，梦想会使人心中产生激情，而这种可贵的心灵动力可以最大限度地激发孩子的潜能，从而实现理想。所以，家长不要轻视孩子的任何一个梦想，因为没有什么是不可能的！

梦想与空想仅仅一步之遥

清晨一个女孩拿着挤好的牛奶到街上去卖。

在这之前，女孩已经去街上卖过很多次牛奶了，对于上街的路线、市场的地点以及如何卖个好价钱都相当清楚。她和以往一样，把牛奶罐顶在头上，走在通往市街的路上。

天空晴朗，凉风轻柔地吹拂着面颊，女孩却对这一切无动于衷。她的心早就飞到了繁华热闹的大街上，满脑子想的都是卖完牛奶后的打算。那时候，她的手上会有一笔钱，往常她总会在卖完牛奶后到市场上买各种各样的小东西，这是女孩私下最大的乐趣。

一想到那些形状特别的水果、香甜可口的糕点，还有色彩鲜亮的布料，女孩就开心无比。她想象着在市场上闲逛的轻松自在，心里快活极了，这可是她那些居住在乡村里的伙伴们无法享受到的。

有梦想是好事，但是不能空想。家长要帮助孩子区别什么是空想，什么是梦想，要让孩子明白，人生和命运不是单靠空想就能想出来的，一味沉溺于空想的人，最终将一无所获。

鼓励孩子为梦想努力奋斗

一位从事教育事业多年的英国教师因年岁的缘故要退休了，整理办公室文件的时候，他发现了自己所带过的一个班级51位同学的作文本。翻开来看，题目叫"未来我是……"。老师随便翻看着，回想着过去的教学生活。

"25年前的作文本了。"老师感慨道，临退休的怅然开始弥漫。但很快，老师的脸上浮现出了笑容，他被这些孩子千奇百怪的自我设计迷住了。

一个叫彼得的学生写道：未来我是海军大臣，因为有一次在海里游泳时，我喝了3升海水都没被淹死。一个叫理查德的学生说：我将来必定是法国的总统，因为我能背出25个法国城市的名字，而同班的其他同学最多只能背出7个……最让人惊讶的是，一个叫戴维的盲学生，他说，将来他必定是英国的一位内阁大臣，因为在英国还没有一个盲人进入过内阁。

总之，孩子们都在作文中认真地描绘着自己的未来。有想当驯狗师的，有想当领航员的，有想做王妃的……五花八门，应有尽有。

老师读着这些作文，突然有一种冲动——寻找这51位学生，看看他们现在是否实现了自己25年前的梦想。

当地一家报纸得知他这一想法后很感兴趣，他们免费为老师在报纸上刊发了一则启事。没几天，书信开始一一寄到老师这里。有50位当初的学生向老师致谢，感谢老师仍然保存着他们年幼时的梦想，并且他们希望得到那本作文本，重温儿时的梦想。这中间有商人、学者及政府官员，更多的则是没有身份的人。

老师满足了他们的愿望，他把作文本按来信地址一一寄了过去。老师同时发现，只有那个叫戴维的盲学生没有来信。

一年过去了，戴维仍没有和老师联系，老师想，那个叫戴维的人也许已经不在人世。毕竟25年了，25年间是什么事都会发生的。

就在老师准备把这个本子送给一家私人收藏馆时，内阁教育大臣布伦克特寄来一封信。他在信中说，我是您当年的学生戴维，感谢您还为我保存着儿时的梦想。不过我已经不需要那个本子了，因为从那时起，我的梦想就一直在我的脑子里，我没有一天放弃过。25年过去了，可以说我已经实现了那个梦想。今天，我还想通过这封信告诉其他50位同学，只要不让年轻时的梦想随岁月飘逝，成功总有一天会出现在你的面前。

著名教育家陶行知先生说过："给孩子一座高山，让他自己去攀登，父母要做的就是让孩子坚持下去。"当孩子说出自己的梦想后，家长要鼓励孩子认真去实现自己的梦想，同时让孩子明白水滴石穿、持之以恒的道理，鼓励孩子坚持不懈地为梦想奋斗。

"喔噢，我的试验成功了！"
——放手让孩子去"冒险"

美国家庭教育实例

杰森：14 岁，爱好科学，动手能力强，立志成为科学家。
安迪：杰森的父亲，40 岁，软件工程师。

　　杰森正准备做一个科学实验，想验证一下，使用喷雾杀虫剂时，在喷口处点燃打火机，到底是会燃烧还是会爆炸！他和几个小伙伴曾经做过讨论，有人认为会爆炸，有人认为只会燃烧，为此他们还请教过老师，老师也认为绝对不可能爆炸，如果爆炸，那么绝对是意外。所以，在杰森认为爆炸的可能性很小的情况下，他准备试一试！

　　在他的试验即将开始时，正巧被杰森的父亲安迪看到了。安迪饶有兴趣地询问杰森："你对试验有几分把握？"

　　"九分！"杰森自信地说。然后把自己做过的讨论和老师的看法都跟父亲谈了谈，父亲微笑着点头问："我觉得应该也不会爆炸。不知，我能否在一旁观看？"杰森爽快地答应了。

　　按下喷雾杀虫剂，点燃打火机，杰森的动作有条不紊，显得非常沉着冷静。

　　"喔噢！我的试验成功了！"杰森一声欢呼！试验证明，使用喷雾杀虫剂时，在喷口处点燃打火机，不会爆炸，只会燃烧！杰森高兴地拥抱了爸爸，爸爸笑着说："我看你已经是小科学家了！"

99

给中国父母的教育建议

带有危险性的科学实验是一种冒险行为，面对孩子的冒险行为，正确的态度应该是怎样呢？

美国的家长大多都是鼓励自己的孩子要敢于冒险，要做打破常规的事情，因为美国的家长们认为孩子只有在冒险里才能不断探索出新的知识，寻找出新的领域，就算失败了也会获得丰富的经验。案例中杰森的父亲安迪就是如此，在孩子进行冒险行为的时候，他认真听了孩子的分析，并且认为爆炸的可能性不大，于是同意孩子进行试验。另外，他要求和孩子一起进行试验，就算有意外情况发生，也能最大限度地保护孩子的安全。可以说，安迪的做法是非常明智的。

而大多数中国家长往往会因为担心孩子的安全，不允许孩子进行冒险行为，因此中国的小孩们长大后在生活上、事业上大多缺乏敢于冒险的精神。在生活中，中国家长可以尝试着这么做。

正视孩子的冒险行为

孩子天生爱冒险，还记得他们小时候吗？总是天不怕地不怕，什么都敢动，无所畏惧。滚烫的开水，孩子总是伸出小手想去摸一摸；电源插头的黑洞，总想用小手指去捅一捅；还总想着要搬个小椅子，爬上更高的地方……这些其实是孩子认知世界的方式，他们对这个世界充满好奇，总想要弄明白，他的意识中表达的是——我要看看到底怎么回事。这种具有冒险性质的探索实际上是孩子的天性，家长应该为孩子天性中的冒险因子而欢呼，在确保孩子安全的条件下，尽可能地让孩子进行他们的冒险，因为冒险精神对于孩子而言是非常可贵的。成功者与失败者的区别并不在于能力的高低或意见的好坏，而在于是否相信判断、是否具有适当冒险与采取行动的勇气。

科学引导孩子的冒险行为

当孩子有一些冒险欲望时，比如上面案例中的杰森，他不是不知道这样做的危险性——有爆炸的可能，但是他仍然想做实验，这时候家长该怎么办呢？其实，当孩子知道了危险而准备迎难而上的时候，家长应该为孩子的勇气而自豪，同时应该相信孩子，不妨科学引导孩子的冒险行为，听一听孩子的实验步骤，以及他准备如何规避危险，不足之处帮助他补充完整，然后和孩子一起做实验，确保安全。

不要强硬制止孩子的危险行为

当孩子有一些确实非常危险的冒险念头，不能让孩子冒险行事时，家长若是强硬地制止，往往会加倍触发孩子的叛逆心理和好奇心理，孩子极有可能会加倍地尝试，更有可能阳奉阴违，表面上答应不做，背地里却偷偷做，这样危险系数更大。明智的家长要懂得使用"怀柔政策"，给孩子讲清原因，让孩子"知其所以然"，才能从根本上制止一些危险举动。

为什么我的毛衣会发光？
——培养孩子的探索精神

美国家庭教育实例

艾略特：6岁，喜欢探索，立志当科学家。
伊娃：艾略特的母亲，全职妈妈。

艾略特发现了一件宝贝——一件会发光的毛衣。

一天晚上，上床睡觉时，妈妈把灯熄了，艾略特脱毛衣脱到一半，忽然发现毛衣闪闪发光，还发出噼里啪啦的响声，怎么回事？艾略特有些奇怪，难道毛衣会发光？

他赶紧跑下床把灯打开，可毛衣还那样，没有发现有一点奇怪的地方。可能是自己看错了，艾略特熄灯后便上床睡觉了。

第二天晚上，艾略特先将毛衣脱掉，妈妈才熄灯离去，艾略特没有发现毛衣有任何异常之处。就这样，他几乎把毛衣发光的事忘了。

几天过去了，一天晚上忽然停电，艾略特摸黑上床睡觉脱毛衣时，奇怪的事情再次发生了，毛衣闪出了亮光！

艾略特百思不得其解，怎么回事？为什么毛衣总在黑灯时发光。

艾略特第二天起床，将毛衣整整齐齐地叠起来，放进柜子里，生怕别人把他的宝贝偷走。到晚上妈妈熄灯离开后，艾略特赶紧把毛衣从柜子里拿出来放到床上，从上到下、从左到右、里里外外、仔仔细细地打量了一遍，可结果令他懊恼，毛衣根本不会发光。

早上，看到闷闷不乐的艾略特，妈妈问："怎么了？"

艾略特说："为什么我的毛衣一会儿会发光，一会儿又不会？"

妈妈笑着跟他说了静电的原理，艾略特听得可仔细了，准备晚上放学回来后再试一试。

给中国父母的教育建议

科学看起来离我们很远，很神秘，其实它就在我们身边！孩子们很喜欢研究各种各样的"为什么"，想把各种"为什么"都搞清楚。对于美国父母而言，孩子得出的结果并不是最重要的，重要的是激发孩子的探索精神，培养他们大胆进行思考的好习惯。

那么，在培养孩子探索精神方面，中国家长要注意些什么呢？

创设条件，让孩子独立探索

家长要尽量创设条件，让孩子独立探索（在孩子的探究过程中家长可以适当

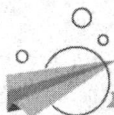

加以引导），这样符合孩子爱玩好动、爱思考的年龄特征，容易满足孩子对新鲜事物总想亲自尝试的心理要求。整个探索过程是在孩子的独立思考下进行操作的，因此孩子的兴趣强烈，对全过程的印象更为深刻。在这个过程中，家长还要注意引导孩子重视过程，而不要只注意结果。

让孩子探索的事物要符合孩子的年龄特点

孩子好奇、好问、好动、好模仿，喜欢实践，求知欲强，形象思维占主导地位。因此，孩子探索的内容应当是他们所关心的、熟悉的、能接受的自然事物和现象，并且要有趣味性。探索对象应从宏观到微观、由简单到复杂、由近及远、由具体到抽象，与孩子的年龄、心理特征相适应，使孩子的认识逐渐提高。

和孩子讨论问题切忌急躁

和孩子讨论问题，家长一定不要急于求成，不要随意说"说得好"或"很好"，因为过快、过早赞扬可能使孩子停止思考进取，应该说"真有趣……我从来没有这样想过"，以便使孩子的探索如滚雪球一样越滚越大。还有，家长也不要催促孩子去"想"，这种催促，只能使孩子为了急于表现，而去揣测大人希望的答案，并用尽量少的话说出来，以免猜错时受到责备。

探索过程应从外部现象逐步过渡到内在规律

规律是事物内在的本质联系。它不会感性地呈现在人们的面前，只有大量地探索现象，才能从中探索出有规律的东西。例如孩子只有先分别认识了植物的根、茎、叶、花、果实、种子各个器官的外部形态后，才能进一步探索这些器官的生理，即它们的内部运动变化规律，如根的吸收作用、阳光的作用等，从而进一步研究、认识植物的生长规律。

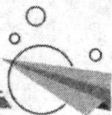

西蒙不可能住在这里!
——保护好孩子的好奇心

凯文:7岁,充满好奇心,是个实足的"问题宝宝"。

　　凯文这两天迷上了一个问题:下水道里有什么?整天,他就追着父母问这个问题。

　　爸爸妈妈有些头疼,如果是别的问题,他们可能还能查找一些资料来回答凯文,可是,下水道里有什么?这个问题怎么跟凯文解释呢?难道对他说:"里面有脏水、垃圾、老鼠和吃垃圾的毛毛虫?"如果凯文真要去看一看怎么办?当然不能带他看下水道,万一传染了疾病怎么办?

　　两天过去了,凯文的问题一直没有得到解答。

　　凯文的父母心里始终不踏实,他们明白,如果孩子提的问题总是得不到认真地答复,慢慢地,孩子就会变得不爱提问题,不爱发现和思考问题,那就太可怕了。

　　说来也巧,隔壁利加太太家的下水道堵了,她找来了修理工人。凯文的父亲问利加太太能不能让小凯文到她家看修理下水道。利加太太当然同意了。就这样,当工人修理下水道时,凯文在旁边蹲着看了很久,嘴里还不停地问工人一些问题。

　　最后,当一切修好后,凯文嘟囔了一句:"西蒙不可能住在这里!"

　　父母这才明白,为什么凯文对这个问题这么感兴趣!原来,在最近一部新播的动画片里，有一只叫"西蒙"的老鼠，它在下水道里还有自己专属的宫殿呢！

给中国父母的教育建议

好奇心，人皆有之，它在孩子的身上表现尤为突出。面对五彩缤纷的世界，孩子具有强烈的好奇心，路边一朵不起眼的小花、玩具店里琳琅满目的玩具，甚至成人眼中毫无作用的小石块、小瓶子、废螺帽、废纸、空火柴盒、废旧笔筒，等等，都可以成为让孩子们留连忘返、百看不厌的"研究"对象。美国家长非常重视保护孩子的好奇心，因为他们明白好奇心是孩子主动观察、反复思考问题的强大动力，是推动孩子积极主动地观察世界、开展创造性思维的内部动力，是人生成功的起点。他们对于孩子提出的诸如天上的星星为什么不掉下来，小鸟为什么会飞，母鸡为什么会下蛋而公鸡不会，彩虹是怎样形成的等问题，总是想方设法来引导、解答。在这方面，中国家长也要重视起来，善于保护孩子的好奇心，并且因势利导，让孩子学会向更高层次思考。

尽可能满足孩子的好奇心

当孩子对事物发生兴趣时，一定要尽可能满足孩子的好奇心。比如孩子对电视遥控器或者其他事物发生了兴趣，与其担心孩子毁坏物件，不如教给孩子使用方法，满足孩子想要自己操作的好奇心。这样既满足了孩子的好奇心，又给了孩子锻炼的机会，有助于孩子更好地积累生活经验。

不要以成人的思维约束孩子

由于孩子的认知有限，又具有好奇的天性，因此他常常会问很多奇怪的问题："这是什么？""那是什么？"三四岁的孩子总在问"为什么"。当他对某项事物产生兴趣的时候，他就会打破沙锅问到底。面对孩子的好奇心，父母切忌以成人的思维方式来束缚孩子的想象力，也不能因为事务繁忙而搪塞、敷衍孩子。最好的方式是，父母可以利用孩子的好奇心，像凯文的父母一样采取一些方法来帮助孩子找到他们需要的答案，促使孩子继续思考。

创设满足孩子好奇心的环境

对孩子来说，在他们的生活环境中，到处蕴涵着丰富的可探索资源。客厅、厨房、阳台等都可以成为孩子探索的地方；公园、马路、车厢等，都是孩子产生好奇、提出问题的学习场所。父母要做的，便是根据孩子的兴趣，适时、适度地提供材料和实践机会，鼓励他们动手体验。例如，妈妈在厨房忙碌时，孩子总喜欢跟进去好奇地摸摸这里摸摸那里，这时，妈妈就可以安排孩子干些力所能及的事情，比如让他洗瓜果拌凉菜、帮着妈妈拿调料等。在这一过程中，孩子就可以了解一些蔬菜的特性，观察食物生熟前后的变化等。这样，孩子的好奇心就得到了进一步的满足，并有可能更好地激发孩子更深层次的好奇心，培养孩子探索事物的能力。再比如，两三岁的孩子特别喜欢敲敲打打，父母可以提供几根不同形状不同质地的棍棒（圆头的、小而短的、粗而短的、粗而长的、小而长的、木制的、橡胶制的等），让他们尝试敲打不同质地的物品，满足他们的好奇心，同时也可以引导他们探究，不同质地的棍棒敲打在同一物品上产生的声音有什么不同；同一质地的棍棒敲打在不同物品上，产生的声音又有什么不同等，让孩子在好奇的驱动上探索更多事物的奥秘。

做个好奇父母

如果父母对周围事物显得十分冷淡，甚至对孩子的好奇心不以为然，那么孩子的好奇天性就会在无形中受到压制。因此，父母也要在孩子面前做个童心未泯的大孩子，引导孩子去发现问题，并寻找解决问题的答案。比如，带孩子外出的时候，父母可以在野外寻找一些比较奇特的花草树木，比较小鸟、小昆虫的叫声，发现不同种类或者同一种类植物、动物甚至石头、泥土之间的细微区别，

让孩子的好奇心更进一步

如果孩子的好奇心仅仅停留在好奇的层面上，那么孩子的好奇也仅仅是好奇而已。好奇是创造力的源泉，但是仅仅好奇是远远不够的。这就是为什么这个世界上好奇的人很多，而具有创造力的人却并不多的原因。孩子常常喜欢不按常规的方式来游戏，这时，父母不要迫不及待地干涉孩子，试图将孩子拽回所谓正确的轨道上来。要知道，正是通过这种非常规的玩法，才能让孩子的好奇心得到最好的发挥。比如，孩子搭积木，他说他想搭个房子，但是好不容易把房子搭起来后，他可能就会一把推倒刚刚搭建成功的房子。孩子之所以这样做，可能是想要了解推倒房子会出现一些什么后果：房子倒塌时会发出什么样的响声？房子倒塌时积木块可能会朝着什么样的方向散落？房子倒塌后还能不能恢复它原来的模样……父母不仅没必要压制孩子这种因为好奇心引起的行为，还应该引导孩子发现事物深层次的奥秘，让他的好奇心进一步增强。

为什么吸管弯了?
——有意识地提高和培养孩子的观察力

美国家庭教育实例

克莱门特：7岁，爱观察，爱思考。

克莱恩：克莱门特的父亲，编辑。

克莱门特观察力很强，这天，他正吃着饭，突然眼睛老是盯着自己的杯子看，并不时地喝上两口饮料。

父亲克莱恩和母亲萨沙面面相觑，不知道克莱门特怎么了，是不舒服、生气，还是今天的饭菜不合他胃口？

过了一会儿，克莱门特干脆拿起水杯蹲在凳子上，拿吸管在里面搅来搅去，拿进又放出，并不时地歪着脑袋往杯子里面看。

"怎么了？有什么吗？"父亲克莱恩感到疑惑，以为饮料里掉进了小虫子而引起了他的兴趣。

"爸爸，为什么吸管弯了？"克莱门特突然抬起头问。

"什么？"克莱恩犹豫了一下。

"没错啊！吸管明明是直的，可是……"克莱门特把吸管拿出来仔细地端详，"为什么吸管一放进饮料杯里就弯了？"克莱门特满是疑惑。

克莱恩这才明白克莱门特为什么老是盯着饮料杯了，原来他发现了吸管在水中的变化。

克莱恩说："好啊！你发现了一个了不起的问题，吃完饭后，我们再一起来研究研究吧！"

克莱恩拿来了水盆、敞口玻璃瓶、小竹条，又把克莱门特的饮料杯和吸管拿过来，开始和克莱门特一起观察、研究，引导克莱门特观察水中的吸管、小竹条放入水中之前是向上弯，还是向下弯的？放入水中后，看看它们在哪里发生弯折；把竹条和吸管全部浸到水中，再看看它们还会不会弯折，引导克莱门特发现在空气和水的分界线处，吸管和小竹条发生了怎样的弯折现象。

就这样，克莱恩引导克莱门特通过实验和观察，自己观察到两种不同物质交界面的奇妙现象。

给中国父母的教育建议

观察是一个人认识事物的重要途径，是智力活动的基础，是完成学习任务的必备能力。观察是聪明的眼睛，没有敏锐的观察力，就谈不上聪明，更谈不上成才。美国家长非常重视孩子观察力的培养，他们会抓住契机，有意识地提高和培养孩子的观察能力。

美国某专家曾经做过这样的一个试验：他拿学生不认识的一种鸟的标本给学生看，要求他们一边观察一边说出这种鸟的特征，还为此专门设立了两个班：普通班和实验班。

起初，这两个班的儿童对鸟的观察结果基本相同。而一年后，特别注意培养观察力的实验班的学生，不仅能说出鸟的颜色，而且还能说出鸟体各个部分的形状和大小。有的学生在观察后，还能判断："这种鸟的嘴和爪子很尖利，可能是一种猛禽。"而普通班学生的观察力，多数仍旧停留在鸟的颜色、特征上。

由此可见，孩子的观察能力经过有意识的培养是可以得到提高的，是否有意识地培养过儿童的观察力，其结果是大不相同的。中国家长从现在开始，也要有意识地培养孩子的观察力，以充分发挥孩子的天分和才能。那么，具体该如何培养呢？

从基本的感知觉能力的培养入手

由于观察是人的感知觉发展的最高形式，是在综合视觉能力、听觉能力、触觉和嗅觉能力、方位和距离知觉能力、图形辨别能力、认识时间能力等多种能力的基础上发展起来的。而且经研究表明，人的大脑所获得的信息，有80%到90%是通过视觉、听觉输入大脑的。因此，训练孩子的观察力，要从基本的感知觉能力的培养入手。具体做法如下。

第一，要保护好孩子的感知觉器官，让这些器官得到良好的发育。要注意保护孩子眼睛、鼻子、耳朵、嘴巴、手等器官的健康发育，因为这是发展感知觉的物质基础。

第二，要利用并创造机会，刺激孩子各项器官的发育，让孩子多看美丽的图

画，多听动人的音乐，多动手，多说话，等等，这些行为，对孩子的器官发育都有一定的刺激作用。

引导孩子用正确的方法观察事物

由于孩子的观察条理性较差，加上孩子不会用正确的方法观察事物，而是东瞧瞧、西看看，这样会把要观察事物的重要特征遗漏掉。不但达不到观察的目的，还会形成不良的观察习惯。因此，在培养、训练孩子的观察力方面，还要引导孩子用正确的方法观察事物。具体做法如下。

第一，观察要有目的性、顺序性。孩子的观察力发展有着缺乏稳定性的特点，他们一般很少会自觉地为某一目的而进行观察，常常被身边事物的较为突出的外部特征及当时的情绪、个人兴趣所支配。如，当孩子发现花坛中有一只蜗牛时，兴奋地招呼你来看，你就可以抓住机会利用问题引导孩子有目的的观察认识蜗牛。从寻找五官到观看爬行，再观察蜗牛寻找食物等的一系列活动，使孩子在其兴趣中逐步发现观察的广度和深度。在观察中，还要给孩子一些指点，以使其集中注意力。

另外，家长还应指导孩子根据事物的不同特点，从远到近、从左到右、从上到下、从外到里、从明显特征到不明显特征，从整体到部分等观察。同时，告诉孩子观察的重点也很重要。如，孩子观察孔雀时，往往并不注意孔雀的整体，通常只是注意孔雀的屏、脑袋等部位。因此，家长在引导孩子观察时，首先应让孩子观察孔雀的整个形体，再观察头部，脚部、屏等部位，这样从整体到局部的按照一定的顺序观察。

第二，观察事物要分析比较。我们在引导孩子观察的过程中，除了让孩子有目的的、按照一定顺序进行观察外，还要让孩子学会对事物进行分析、比较、判断、思考，引导孩子善于发现事物的规律。让孩子对相似物体通过观察进行形状、颜色、大小、长短、粗细等方面的辨别和比较，既找出相同点，又找出相异点，从而正确细致、完整地认识事物。如：丰收季节带领孩子到农田之中观察比较玉米与高粱，让孩子从外形特征，如根、茎、叶等方面，比较其明显与不明显的不同特征，不仅认识了玉米和高粱，又增强了孩子的观察力。这种方法实际上是通过思维来观察，有助于发展孩子的观察力和思维力。

第三，观察事物时要透过现象看本质。现象是事物的表面特征和外部联系，它是个别的、片面的东西，而本质是事物的根本性质。而被人的感觉器官所直接感知的现象有时候是假象，与其背后的本质并不相符。因此，家长要让孩子深入观察事物，以获得对事物的正确认识。

第四，观察事物要持续。即让孩子对某一事物或现象的变化和发展进行间断性的、有系统的观察，使孩子了解其生长变化和发展的全过程，从而形成完整的认识。如，在种植园地播种玉米后，让孩子间断性地观察并记录。了解玉米从发芽到生长叶子再到长穗的生长过程，及收获玉米再种植这种生物循环的规律。另外，这种方法的持久性，还可以锻炼孩子的耐心、敏锐性、细致性，对培养孩子良好的观察习惯和对科技的兴趣具有独特作用。

我们再来一次好吗?
——让孩子学会与人合作

美国家庭教育实例

威尔逊：10岁，三年级，性格执拗。
杰克：7岁，威尔逊的弟弟。

威尔逊的妈妈给威尔逊又生了一个小弟弟杰克以后，威尔逊对妈妈越来越不满起来，他觉得从前妈妈只对自己一个人好，可是杰克的到来，却把妈妈对自己的爱夺走了。威尔逊不仅不爱听妈妈的话，反而经常趁爸爸妈妈不注意的时候，抢走杰克的玩具，或者推搡杰克一下，不让杰克哭出来是不会罢休的；而杰克也早就感受到哥哥对他的敌意，所以非常讨厌哥哥，杰克长大一点以后，家里整天飞舞着小哥俩打架扬起的尘土和嚷出来的噪音。这让他们的妈妈很是生气和担忧。有一天，他们的爸爸想到了一个好主意。晚上下班回家，对儿子们说："我们来玩一个游戏好不好？"贪玩的小兄弟俩立即围了过来，叽叽喳喳地询问："什么游戏？"

只见爸爸从包里拿出一个长条的瓶子，两个黄颜色的小球，这两个小球的各一端分别拴着一根线。说道："看到没有？这个瓶口只有能够容一个小球通过的空间。"然后爸爸拿着其中一个小球的绳子作了一下示范——只见小球很顺利地被伸进去，取出来；又伸进去，取出来。然后爸爸分给他们每人一个小球，让他们把小球各自放入瓶内。"这个游戏的规则是，听我的口令，我从1数到3时，你们就要把自己的小球从瓶口取出来，只能牵着绳子取哦！谁能取出来谁就胜利！"爸爸说道。

兄弟俩跃跃欲试地让爸爸快点数数，然后游戏很快开始了，却迟迟没有结束，为什么呢？原来哥俩正你拼我抢地向上拽绳子，两个小球都挤在瓶口，就是不肯出来。两个小家伙的脸都憋红了，充满敌意地望着对方，眼看就要大喊起来了。这个时候爸爸说道："好了，时间已经到了，你们谁也没有胜利。"威尔逊和杰克都没有说话，闷闷不乐地盯着对方。他们的爸爸却说："我并没有说谁的小球先被取出来，谁就能赢；而是谁能够把小球取出来，谁就是胜利者。你们好好想一想？"威尔逊和杰克想了一会，问道："这有什么不同呢？"爸爸答道："当然不同了！你们只想着尽快让自己的球先出来，最后谁也没有顺利通过；可是如果你们想着怎样才能让两个球都出来的话，问题不就解决了吗？"小哥俩你看看我，我看看你，突然恳求爸爸道："爸爸！我们再来一次好吗？"爸爸按捺住高兴的心情说："好吧，我倒要看看这次你们能不能行呢？"

只见他们不慌不忙地把球依次放进瓶内，当爸爸数到 3 后，威尔逊说："杰克，你先把球拖出去吧！"杰克看到哥哥温暖的眼神，顺从地把球先拖了出去。哥哥这才把自己的球取了出来。爸爸欣慰地说道："这就是合作的乐趣！我说你们这两个小家伙，兄弟间要相互友爱，团结协作，这样才能共同做好一件事情，体会到其中的乐趣！对吗？"

只见威尔逊羞愧地低下了头，而杰克微笑着走到哥哥身边，拉起哥哥的手走进了房间，从此这个家变得和谐安静多了。

给中国父母的教育建议

在未来社会里，只依靠个人的力量是不行的，具备良好的合作精神将会对孩子以后的生活起到极其重要的作用。美国家长很早就意识到了这一点，他们在生活中非常注意培养孩子的合作能力，中国家长可以借鉴下面几点经验。

树立孩子的合作意识

培养孩子的合作意识，有利于孩子在学会合作的过程中逐渐克服以自我为中心的缺点，养成关心他人、协商合作的行为习惯。在孩子之间营造一种团结、友爱、互助、合作的群体氛围，增强孩子的社会适应性。

家长必须在潜移默化中帮助孩子树立正确的合作意识，使他们懂得，大家都是群体中的一员，是平等的，遇到矛盾或困难，只要我们齐心协力就一定能解决它、战胜它。

同时，家长还要培育孩子关心他人、爱护他人、助人为乐的高尚情操。孩子无论在学校或家庭里，都要养成这样的好品德：在家尊老爱幼，在校尊敬教师、爱护同学。因为只有关心别人，才有可能与别人合作。

让孩子学会悦纳别人

所谓悦纳别人，是指自己从内心深处真正地愿意接受别人。从实质上来讲，合作是双方长处的珠联璧合，也是双方短处的相互遏制。有效合作的过程就是互相利用各自优势和资源，互相弥补不足以共同获得更大效益的过程。在这一过程中，对别人的接纳和欣赏非常重要。因此，只有相互认识到了对方的长处，欣赏对方的长处，合作才有真正的动力和基础。

父母可以通过故事并结合自己的言行让孩子逐渐地明白每个人都各有所长，各有所短。比如一本好的书就是由作者、画家和设计师通过合作之后的结晶。让孩子明白，不要妒忌或是轻视别人的长处，也不要对自己失去信心，而是善于互相利用彼此的长处，从而达到共同的目标，实现双赢。为此，家长要教育孩子多看并善于发现别人的长处，并诚心诚意地加以赞美，而不是采取一种"不承认主义"。家长自己平时在工作和生活中，也应坚持这种态度来对待他人，成为孩子的表率。

让孩子多参加集体活动

孩子将来要走向社会，成为一个社会人。现代社会需要合作精神，合作是一个团体成功的根本。因此要让孩子多参加一些集体活动，使孩子在集体活动中自觉地意识到与他人真诚合作的必要性。

孩子老是一个人"独处"，当然不会感受到人与人之间的互帮互助究竟有什么力量和神奇之处。让孩子到集体中去，在集体交往中才能增强团体合作意识，掌握处世艺术，形成乐观、大方、宽容、团结等优秀品质。让孩子从集体中来，带着合作意识，去主动帮助别人，也乐意得到别人的帮助。

鼓励孩子多参加体育运动。如足球、篮球等，既有两个团队之间的对抗与竞争，更有团队内部的协调一致，所以非常有利于培养孩子的团队精神与竞争力。

对不合群的孩子更应该利用各种机会，让他们参加到伙伴群中去。当子女的伙伴来家玩时，要热情接待，并给以一定的尊重和必要的礼节。

让孩子感受合作的快乐

孩子在小伙伴交往中逐渐学会合作后，在交往中感受到合作的愉快，会继续产生合作的需要，产生积极与人合作的态度。所以，家长应注意引导孩子感受合作的成果，体验合作的愉快，激发孩子进一步合作的内在动机，使合作行为更加稳定、自觉化。

在生活中，父母可以给孩子设置诸如此类的合作竞赛，让孩子们尽力通过合作去完成任务。如果孩子们一时没有完成任务，父母也不要责怪孩子，而是应该让孩子明白，成功的合作不一定要达到最终的目标，虽然有些合作的结果是失败的，但是，在合作过程中，参与者都尽了自己的努力，同时，每个参与者都感到非常愉悦，这就是一种成功的合作。

例如，当孩子表现出合作行为时，家长可拿出事先准备好的照相机摄下"友好的一幕""合作的成果"，尤其是引导孩子比较这次合作的成功与上次不合作或不能很好合作的不成功，就前后两次孩子合作的不同结果，你可以问孩子，上次为什么失败，这次是怎么成功的，引导孩子在实践中体会合作的快乐和必要性。

家长还要对孩子合作后的结果给予恰当的肯定和激励。对合作不好的孩子给予指正鼓励，以免对合作方产生抱怨情绪，从而打消继续合作的积极性。

教孩子一些合作技巧

让孩子了解一些合作的规则与技巧。人的合作意识不是天生就有的，而是在合作的过程中逐渐萌发并得到强化的，而合作技能的高低直接影响合作的进展和结果。孩子年龄小，缺乏社会交往经验，孩子往往不知如何去合作，这就需要家长教给孩子合作的技能，指导孩子怎样去合作。

在合作中既要尊重对方，服从大局，讲统一，又要有自己的立场。容忍和随和都是有限度的。在合作的过程中，不能唯我独尊，只想着自己，要充分顾及他

人的需求和感受，哪怕必要时做出一些让步和牺牲。如孩子在下棋时，往往都想赢，所以争吵、耍赖的情况时有发生，父母就可让孩子知道如何谦让，如何遵守规则，碰到问题怎样去商量等；与此同时，还要教育孩子不要事事唯唯诺诺，迁就和让步也有限度，不是无原则地迁就和让步。要在同伴中取得尊重和信任，取得合作的成功，坚持自己正确的立场和为人正直的个性是不可缺少的。通过一次次的交往与合作，孩子逐渐就学会了合作的方法、策略，懂得合作的重要性。

第五章 关于自信——为什么美国孩子都那么自信

我种出世界上最大的西瓜了!
——在孩子的心里播下希望的种子

弗兰克:40岁,乐观,自信,生活幸福。

托马斯:80岁,已故,弗兰克的爷爷,曾经是州议员。

　　这是弗兰克在他爷爷去世后,写的一小段回忆:

　　小时候,我每年夏天都要随父母去内布拉斯加州的爷爷那里。

　　宽阔的原野,高高的草垛,哞哞的牛叫,清脆的鸟鸣,使我流连忘返。

　　"爷爷,我长大了也要来农场,种庄稼!"一天早上,我兴致勃勃地说出了我的愿望。

　　"那,你想种什么呢?"爷爷笑了。

　　"种西瓜。"

　　"唔,"爷爷棕色的眼睛快活地眨了眨,"那么让我们赶快播种吧!"

　　我从邻居玛丽姑姑家要来了五粒黑色的瓜籽,取来了锄头。在一棵大橡树下,爷爷教我翻松了泥土,然后把西瓜籽撒下去。忙完这一切,爷爷说:"接下去就是等待了。"

　　当时我并不懂"等待"是怎么回事。那个下午,我不知跑了多少趟去查看我的西瓜地,也不知为它浇了多少次水,把西瓜地变成一片泥浆。直到傍晚,连西瓜苗的影子也没见着。

晚餐桌上，我问爷爷："我都等了整整一下午了，还得等多久？"

爷爷笑了："你这么专心地等待，也许苗儿会早点长出来的。"

第二天早晨，我一醒来就往我的瓜地跑。咦，一个大大的、滚圆滚圆的西瓜正瞅着我笑呢！我兴奋极了，我种出世界上最大的西瓜了！

稍大些，我才知道这个西瓜是爷爷从家里搬到瓜地里的。尽管这样，我并不认为那是一种慈爱的爷爷哄骗孙子的把戏，而是在一个不懂事的孩子心里适时播下一颗希望的种子。

如今，我已有了自己的孩子，事业上也有所成就。而我觉得自己的乐观和自信是爷爷当年为我在橡树底下播的种子长成的。爷爷本来可以告诉我，在内布拉斯加州种不出西瓜，八月中旬也不是种瓜的时节，而且树荫下边也不宜种瓜。但是他没有这么做，而是让我真实地体验了"希望"与"成功"的滋味。

给中国父母的教育建议

许多的美国孩子，尽管学习成绩不是最好，长得也不够英俊，但总是趾高气扬、活灵活现的，并且都觉得自己很特别，将来长大了肯定是个人物。换句话说，这些孩子都特别自信。那么，他们的自信是从何而来呢？

自信是可以"播种"出来的！许多美国父母都是播种自信的"高手"，上面教育实例中弗兰克的爷爷就是其中之一！然而在中国，许多时候父母是扼杀孩子自信的罪魁祸首！中国父母经常会对孩子说：你学习好了爸妈才会满意，你奥数比赛得奖了爸妈才高兴……也许这些孩子本来是优秀的，但总有让父母失望的时候，这时候孩子就非常容易怀疑自己，变得紧张、焦虑、患得患失，自信又从何谈起呢？

这是一个贫寒的家庭，一家人相依为命。爸爸辛辛苦苦地工作，养活一家子，儿子也知道生活的艰辛，一直都很懂事。

有一天，儿子眉头紧锁，闷闷不乐，显得心事重重。父亲把一切看在眼里，关切地问儿子，儿子怎么也不肯说，他不想为难父母，后来才吞吞吐吐地说："马上要期中考试了，班级里来了个插班生，学习非常好，不知道我还能不能保住第一名……"

父亲说："那就更要努力了，千万别让那个插班生超过去！要知道，我们家穷，你想要出这个穷山沟，只有学习一条路，要是考不到第一名，你就只能跟着爸爸去种地了！"

儿子听完，头埋得更低了……

过了几天，儿子低着头回家，对父亲说："爸爸，我考了第五名。"

父亲失望极了，转身继续做农活，嘴里咕哝着："我就知道，乡下人要出个学习好的，没那么容易。"

在接下来的几年时间里，儿子考试都没有拿到过好名次，可以说是每况愈下。到初中毕业的时候，甚至都不想去继续上学了。老师有来劝过，说男孩其实很聪明，好好努力，也许可以考上高中、考上大学。但是男孩只说自己不是学习的料，不可能考上的，想出去打工，早点赚钱。老师可惜地说："本来挺好的苗子，怎么对自己这么没信心呢？唉……"

自信心对一个人一生的发展，无论是智力上还是体力上，或是处世能力上，都有着基石性的支持作用。美国的一个教育专家曾做了一个试验，将一个学习成绩较差班级的学生当作学习优秀班的学生来对待，而将一个优秀学生的班级当作问题班来教，一段时间下来，发现原来成绩距离相差很远的两班学生，在试验结束后的总结测验中平均成绩相差无几。原因就是差班的学生受到不明真相的老师对他们所持信心的鼓励（老师以为他所教的是一个优秀班），学习积极性大长，而原来的优秀班学生受到老师对他们怀疑态度的影响，自信心被挫伤，以致转变学习态度，影响了学习成绩。这个实验与上面所写的农村男孩的实例讲的是一个道理，家长或者师长的态度对孩子的自信心有极大的影响，而自信心又直接关系到孩子的将来。

给孩子无条件的爱

家长对孩子的爱应该是无条件的，不管孩子是否得过奖，不管孩子的考试成绩如何，不管孩子学的是哪个专业、上的是哪个大学，甚至不管他上没上大学，家长都应该对孩子付出无条件的爱。首先，家长要把自己的教子心态调整好；其次，要让孩子明白"爸爸妈妈都会永远爱你，无论任何情况下"。孩子明白了这一点，内心就会非常踏实、自信，无论遭遇了什么，都会有取之不尽的力量。

赏识和肯定让孩子更自信

家长的赏识和肯定对孩子产生自信心理至关重要。孩子心智发育尚不成熟，常常根据别人对自己的评价，尤其是父母和老师的评价来给自己定位。如果孩子经常被表扬，他的心里就会充满了自豪和自信；如果孩子经常被批评，就会觉得自己很失败，什么都做不好，从而对自己产生否定态度，自卑心理开始产生。

当然，这并不是说只能夸奖孩子，不能批评孩子，正确的做法是以夸奖为主，批评为辅，尽量寻找孩子的闪光点，这样就会变得越来越自信。

我不适合学拳击⋯⋯
——欣赏孩子积极的一面

美国家庭教育实例

查尔斯：18岁，拳击运动爱好者，性格有些优柔寡断。

苏珊：查尔斯的母亲，家庭妇女。

苏珊很为他的儿子苦恼，都已经十八岁了，却优柔寡断，一点男子汉的气概都没有。对此，她毫无办法，于是就去拜访一位拳师，请求这位武术大师帮助她训练自己的儿子，希望能够把儿子塑造成刚毅果敢的男子汉。

拳师说："把查尔斯留在我这里半年，这段时间你不要见他，半年后，我一定把你的孩子训练成一个真正的男子汉！"

哪知还没到半年，苏珊就接到了拳师的通知，让他把查尔斯领回去，说他没有一点拳击天赋，不想教了。

苏珊来到学校，和查尔斯长谈了一次，查尔斯明确表示："我很喜欢拳击，可是老师说我不适合学，因为我很笨，总也学不好。很多和我一起入学的同学都打得比我好。"苏珊安慰了查尔斯一番，便要求拳师再给查尔斯一个机会。拳师摇头："他真的不行，不信我安排一场比赛，你可以亲眼看看你儿子的表现。"

比赛很快就安排好了，与查尔斯对打的是一名拳击教练。教练一出手，查尔斯便应声倒地。但是，查尔斯一倒地就立即站起来接受挑战，倒下去又站了起来……如此来来回回总共二十多次。

拳师问苏珊："你觉得你的孩子怎么样？的确没有什么天赋吧？"

苏珊说："他的表现确实是非常不经打，可是你为什么只看到了表面的胜负，却没有看到我儿子倒下去又立刻站起来的勇气和毅力呢？那才是真正的男子汉气概，是好拳手应该有的品质！"

拳师一愣，深思，点头，同意把查尔斯留下来继续教导。

给中国父母的教育建议

美国著名教育学家 Marva Collins 说，她会使每个孩子认为自己"我认为我做得很好！我觉得我很聪明！我很特别！"Marva Collins 管这种教育方法叫"积极学习法"。这种教育法的原理就是：不断去关注孩子的积极面，让孩子只接触到积极的态度和做法，不但在潜移默化之中慢慢淡化自己的不良行为或弱项，而且让孩子们的心态越来越积极、自信，做事情越来越有冲劲，思维越来越活跃。

孩子的成长是一个循序渐进的过程，家长要像苏珊和 Marva Collins 一样，积极发现孩子的优点，并且关注这些优点，这将会带给孩子不一样的改变！

观察孩子要全面

观察孩子要全面，只有用全面的眼光来看待孩子，才有可能发现孩子的积极面。在这一点上，家长尤其要注意的是，不要只是盯着孩子的学习成绩一个方面去看。孩子的性格，孩子的文明礼貌，孩子的劳动表现，孩子的交往情况，孩子的文体才能，孩子的兴趣爱好，孩子的动手能力，孩子的卫生习惯等都可能是孩子的闪光点。

重视孩子的进步

积极面有时候是要对比而言的，只要有进步的地方，那个地方就有可能是孩子的积极面。在这点上，家长要注意，要拿孩子的今天比昨天，比前天，而不是跟别的孩子比，否则这样不是在帮助孩子建立自信，而是在打击孩子的自信。

具体事情具体分析

事物都是多方面的，看孩子的任何问题都应从尽可能多的角度去了解分析，避免以偏概全、笼统否定。比如有的孩子因为别人的挑衅而打架，家长要分析整个事情，该肯定什么，就肯定什么，该否定什么，就否定什么，不要笼统地否定孩子。

总之，父母需要用放大镜去观察孩子，当父母为孩子的缺点烦恼时，不妨静下心来，从头到尾认真回顾一下孩子身上那些不会令你烦恼的地方，你就会发现孩子的可爱之处，或许，孩子的一个小动作、一个微笑，都可能打动你的心。

没有什么不可以！
——带孩子走出悲观的困境

美国家庭教育实例

威尔玛·鲁道夫：美国著名的黑人运动员。

　　威尔玛·鲁道夫出生在美国田纳西州的一个铁路工人家庭，小时候因为感染肺炎引起高烧，结果造成非常严重的小儿麻痹症，她的左腿严重萎缩，必须靠着铁架矫正鞋才能勉强走路。因为身体上的残疾，威尔玛·鲁道夫自卑感非常强，她拒绝所有人对她的帮助和好意，将自己的心灵封闭起来。

　　当时，邻居家有一位因战争失去一只胳膊的老人，这位老人却非常乐观。一次，鲁道夫和老人一起去附近的一所幼儿园观看小朋友们表演。当孩子们表演完毕，老人突然解开衬衣扣子，露出胸膛，用手掌拍起了胸膛……他在用一种特殊的方法为孩子们"鼓掌"。

　　鲁道夫被他的举动深深感动了，失去一只胳膊，照样可以鼓掌！"没有什么不可以！"鲁道夫的家人也借此机会给她鼓励。那天晚上，父亲写了一个纸条——"一只巴掌也能拍响"，贴在鲁道夫卧室的墙上，告诫鲁道夫要积极乐观地面对人生。

　　从那之后，鲁道夫开始积极地配合医生进行各种复健训练和运动，并开始尝试扔开支架走路。虽然整个过程漫长而痛苦，但鲁道夫始终没有放弃。终于，希望战胜了一切，11岁的那一年，她终于脱掉沉重的铁鞋，赤脚和哥哥们一起嬉戏玩耍；12岁时，她完全摆脱了铁鞋；16岁时，她入选美国1956年墨尔本奥运会短跑代表队，第一次参加了奥运会。之后，她又顺利地入选美国罗马奥运会代表队，并获得100米、200米和4×100米接力赛三项运动的世界金牌，被誉为田径场上的"黑羚羊"。

20世纪80年代，鲁道夫成立了以她的名字命名的基金会，致力于培养年轻的运动员。鲁道夫希望这个基金会能够带给更多的人希望，让更多的人乐观、积极地善待自己的人生。

给中国父母的教育建议

当今社会，孩子所要承受的压力和困难越来越大、越来越多，因此，从小培养孩子健康、乐观的心态尤为重要。否则它会对孩子的将来有非常大的阻碍作用。

美国有一对兄弟，一个出奇的乐观，一个却非常的悲观。

有一天，他们的爸爸妈妈希望兄弟俩的性格都能改变一些。于是，他们把那个乐观的孩子锁进了一间堆满马粪的屋子里，把悲观的孩子锁进了一间放满漂亮玩具的屋子里。

一个小时后，他们的爸爸妈妈走进悲观孩子的屋子时，发现他坐在一个角落里，一把鼻涕一把眼泪地在哭泣。原来，他不小心弄坏了玩具，怕爸爸妈妈会责骂自己。

当爸爸妈妈走进乐观孩子的屋子时，却发现孩子正在兴奋地用一把小铲子挖着马粪，把散乱的马粪铲得干干净净。看到爸爸妈妈来了，乐观的孩子高兴地叫道："爸爸，这里有这么多马粪，附近肯定会有一匹漂亮的小马，我要给它清理出一块干净的地方来！"

这个乐观的孩子就是后来的美国总统里根。他从报童到好莱坞明星，再到州长，直至当上了美国总统。这中间，乐观的性格起到了很大的作用。

当孩子产生悲观情绪时，美国父母会积极帮助孩子，疏导、鼓励孩子，让他们看到事情的积极面。在这点上，中国家长也要努力，孩子在他们成长的路上会遇到很多坎坷，如果不能够用乐观积极的心态来面对，那么就容易对生活失去希望，家长要帮助孩子扫除悲观的情绪，让孩子学会积极面对生活。

做孩子的好榜样

悲观情绪是一种不好的情绪，它会导致孩子身体、心理都不健康，对孩子性格的发展也百害而无一利。在让孩子走出悲观之前，家长先要审视自己是否是一个悲观的人。家长要给孩子做出榜样，学会自己调节自己的情绪，别把一些不良情感、负面情绪带给孩子。

教孩子正确面对负性生活事件

孩子之所以会产生悲观情绪，许多时候是由于负性生活事件引起的，比如考试失利，被同学冤枉等，家长要教孩子正确面对这些负性事件。

第一，不要扩大事态。很多悲观的孩子遇到一点点挫折就像天塌下来一样，其实事情远没有那么严重，一定要让孩子记住，不要随意夸大事态。比如，一场重要的考试考砸了，孩子会认为"我失败了，我的将来完蛋了"，其实事情没有那么严重，不是吗？家长要适时开导孩子，让孩子认识到这一点。

第二，"人"与"事"不可混淆。再优秀的人也有失败的时候，所以不要让孩子因某事的失败就给自己贴上"我是失败者"的标签，要让孩子学会对自己说："这事情虽然没做好，但是，我在其他方面还有特长，我仍然可以追求其他领域的成功。"

扩大孩子的交际面

别让悲观的孩子总是待在家里，他们会因此失去许多获得改善的机会，也许就是在偶然的一次活动中，他就会获得从未有过的美好体验并变得乐观起来！家长要鼓励孩子多交朋友，特别是交一些同龄的、性格乐观开朗的朋友。随着孩子接触面的扩大，他能接触到很多不同人的思想，悲观的性格自然会有所改观。

是母亲的亲吻使我成了画家！
——时常对孩子流露出肯定与赞赏

美国家庭教育实例

威斯特：美国画家，他是第一位赢得国际声誉的美国本土艺术家。

一天，母亲有事要出去，临走前，她交代儿子照顾好正在睡觉的妹妹。母亲走后，百无聊赖的小男孩发现了几瓶彩色墨水，他很好奇，忍不住打开瓶子。看到妹妹还在熟睡，于是，小男孩开始在地板上画起了妹妹的肖像。室内各处都被染上了墨水污渍，家里变得脏乱不堪。

母亲回来后，色彩凌乱的墨水污渍充斥着她的眼睛，但是她也发现了地板上的那张画像——准确地说是一片乱七八糟的墨迹。她惊喜地说道："啊，那是莎莉。"然后她弯下腰来亲吻了她的儿子。

这个男孩就是本杰明·威斯特，后来成了一位著名的画家，他常常骄傲地对人说："是母亲的亲吻使我成了画家。"

给中国父母的教育建议

心理学研究表明，如果孩子总是被责备，他就会失去耐心；而如果他常常被夸奖，那么，他就会爱你、爱我、爱整个世界，并对未来充满美好的憧憬，在将来有所作为。美国家长会时常对自己的孩子流露出肯定和赞赏，即使孩子做了一件"让人头疼"的事情！中国家长也应意识到肯定和赞赏的作用，注意时常对孩子流露出肯定与赞赏。

真实、具体的肯定最有效

当你的眼睛一边盯着电视剧，一边看一下孩子的作业本的时候，你口里那些"不错，有进步"之类的话会让孩子觉得很虚伪，甚至还会让孩子日后对你的表扬产生抵触情绪和不信任感。而"你真是个好女儿""你做得棒极了""真聪明"等诸如此类的话，也可能会让孩子不知所措，如果长时间听到这类笼统的表扬，就会让孩子麻木，失去表扬本身给孩子带来的兴奋感和动力了。总之，父母对孩子的表扬应该是具体的、就事论事的，这样才是有针对性的，孩子也会产生由衷的成就感。

用赏识替代贬低

父母的语言是孩子成长的营养元素，爱的语言多了，定会结出"爱"的果子；恶的语言多了，会结出"恶"的果子。肯定的语言，是孩子成长过程中的正信息；否定的语言，是孩子成长过程中的负信息。

陶行知在育才学校当校长时，曾发生过这样一件事：一天，他在校园里看到男生王友正用泥块砸本班的男生，陶行知当即喝止了他，并让他放学后到校长室去。

放学后，王友老早就站在校长室门口准备接受处罚。陶行知走过来，一见面却掏出一块糖果送给王友，并说："这是奖给你的，由于你按时来到这，而我却迟到了。"

王友惊愕地接过校长手中的糖果。接着，陶行知又掏出了一块糖果放到王友的手中说道："这第二块糖果也是奖给你的，因为当我阻止你不让你再打人的时候，你当即就停手了，这说明你很尊重我，我应该奖励你。"

王友更加的惊愕了，他眼睛瞪得大大的，不知道校长在想什么。

陶行知又掏出第三块糖果放到王友的手里："我调查过了，你用泥块砸那些男生，是因为他们不守游戏规则，欺负女生；你砸他们，证明你很正直，且有跟坏人作斗争的勇气，应该奖励你啊!"

王友感动极了，他流着泪后悔地喊道："陶……陶校长，你打我两下吧! 我砸的不是坏人，而是自己的同学啊……"

陶行知满意地笑了，他随即掏出第四块糖果递给王友，说："为你能正确地认识错误，我再奖励给你一块糖果，只可惜我只有这一块糖果了。我的糖果完了，我看我们的谈话也该结束了吧!"

多么高明的校长! 他用以奖代罚的方法触动了孩子的心灵。当一个孩子被宽阔的胸怀所包容时，那将会使他终生难忘。在这种情况下，不必"批评"、不必"指责"，孩子自己就已心悦诚服地知错了。

家庭教育是靠家庭语言来完成的，家长的每一句话都应该正确且具有影响力和渗透力，选择用赏识来代替贬低是明智之举。

我可能又会撞上栅栏的!
——给孩子贴上自信的标签

美国家庭教育实例

卡尔: 18岁，因为曾经撞车，所以一直不敢开车，后来在17岁时考到了驾照。

罗伦斯：卡尔的父亲，货车司机。

罗伦斯非常头疼，他的儿子卡尔 16 岁了，可是仍然不敢开车……在美国，年满 16 岁的人都可以考取驾照、合法驾车，许多和卡尔同龄的孩子早就开着自己买的、租的车出去快活了，可是卡尔却战战兢兢，根本不敢踩油门。

当然，卡尔不是一开始就这样的。在他 14 岁第一次摸方向盘的时候，竟把油门当成了刹车，撞上了邻居家的栅栏。因为是无证驾驶，被父母好一顿责骂。从那以后，卡尔就开始不敢摸车了，即使他年满 16 岁可以学车考驾照了，却仍然不敢碰。父亲曾几次让他学车，他都拒绝："我可能又会撞上栅栏的！"

作为司机的罗伦斯看着不敢开车的儿子，哭笑不得。他想这不是办法，于是求助于老师，老师给他出了一个好主意：贴标签。

所谓"贴标签"其实是一种心理干预的手段，当一个人被一种词语名称贴上标签时，他就会作出自我印象管理，使自己的行为与所贴的标签内容相一致。这种现象是由于贴上标签引起的，故称为"标签效应"。老师建议，罗伦斯可以经常夸奖卡尔，夸他学习能力强，有很好的方向感，帮助卡尔重建开车的自信。

在罗伦斯的"标签效应"下，卡尔很快再次尝试着开车了，并且在 17 岁的时候考到了自己的驾照。

给中国父母的教育建议

心理学认为，之所以会出现"标签效应"，主要是因为"标签"对孩子具有定性导向的作用，无论是"好"还是"坏"，它都对孩子的"个性意识的自我认同"有强烈的影响作用。给孩子"贴标签"的结果，往往是使其向"标签"所喻示的方向发展。所以，这是一种很好的家庭教育手段。

对孩子的教育、评价保持一致性和一贯性

给孩子"贴标签"时要注意一致性。这个一致性包括家庭成员之间的一致性，也包括教育过程中前后的一致性。在家庭成员之间的一致性方面，如果父母说孩子有书法家的天赋，那么爷爷奶奶就不要随意批评孩子"离书法家还差远了"；在教育过程中前后的一致性方面，如果家长一直认为孩子的英语不错，将来可以当翻译家，可是几次考试孩子的成绩都不理想，就改变了看法，认为孩子不是当翻译的料。无论是哪种一致性出现了混乱，都有可能让孩子产生模糊的自我认识，影响孩子的自信心。

不轻易对孩子贴上好或坏的标签

在贴标签时，家长不可以随口说说，而是应该针对孩子的行为表现做出理智的判断。比如，调皮、好动的孩子很容易作出一些出格的举动，本来这些表现是孩子天性使然，无所谓好坏，即使有一些不良行为，往往也是一种无意识行为或对成人的简单模仿，但是很多家长随口就会说"你这样做是个坏孩子"，这样一来孩子就会给自己贴上"坏孩子"的标签，使孩子自觉或不自觉地趋同于划定的类别，限制了他们的心理自然地成长。

我想获得篮球奖学金进入大学！
——让孩子学会坚持走自己的路

美国家庭教育实例

西弗：大学生，小时候身体瘦弱，但一直都非常热爱篮球。

克尔：西弗的舅舅，也是他的小学老师。

西弗在小学的时候骨瘦如柴，可是当舅舅克尔问他目标是什么的时候，他说他想获得篮球奖学金进入大学。克尔心头一沉，西弗身材瘦小，看上去甚至提不起一袋5斤重的土豆，他的腿上似乎只有骨头和膝盖，压根儿就看不到肌肉，怎么可能做篮球运动员呢！不过克尔仍然对西弗说："孩子，我很高兴你有目标，我相信你。如果这是你真正想要的，那就永远不要放弃，要相信自己能成功。"

西弗很努力，每天放学回家都会和克尔一起打篮球，他打得并不好，但是克尔让他不断尝试并且全力以赴。西弗的脸上写满了自信，克尔告诉西弗："只有当你乐于为你的目标奋斗时，这些目标才会实现。"西弗回答："是的。"然后就继续往篮筐里投球。

西弗小学毕业后就搬到其他州了，离舅舅很远，但是他一直和克尔保持着紧密的联系。多年后，克尔接到西弗的电话，说他参加了他们高中篮球队的竞选。他异常兴奋地问克尔是否愿意去看他的比赛。克尔答应他无论如何自己都会到场，并告诉他自己为他感到骄傲。克尔让西弗一拿到比赛日程就立即给他打电话。到了第二个星期西弗仍没有打给克尔，克尔就打了个电话给西弗。西弗在电话里的声音低得可怜，克尔几乎听不清他在说什么。不过克尔还是听到了一句："我没有被选上，克尔舅舅。"

这句话重重地击在克尔的心上。克尔告诉西弗："不要担心，即使是迈克尔·乔丹也没能在高中第一年就成功加入篮球队。"并且提醒西弗相信自己，不要放弃，要继续努力。

两年后，西弗打来电话，告诉克尔他加入了一个篮球俱乐部，可以每周在那里打比赛。他说那里虽然不是校队，但他至少可以参与其中。他邀请克尔去看他打球，克尔告诉西弗他早就迫不及待了。到那儿以后，克尔发现比赛是在一个休闲中心的小场馆里进行的。那里没有看台，而克尔是唯一的观众。尽管如此，当克尔走进赛场时，西弗仍然喜出望外。他看上去很惊讶，好像对克尔的到来感到难以置信。他说："您真的来了，克尔舅舅。"看到他的时候克尔同样惊讶：西弗的个头已经比一般人高出一大截来，而且长胖了一点儿。克尔坐在球场边上，满怀期待地观看着比赛。

西弗兴奋极了，他非常卖力，以至于在5分钟内犯了5次规，被罚下了场。他走到克尔身边，说道："很抱歉，克尔舅舅。我太心急了。"

克尔说："西弗，你要继续坚持。孩子，我很享受这5分钟，而且我会记住你在场上是多么努力。这5分钟教会我很多，我们都应该对自己做的每件事尽心尽力。"

克尔和西弗一直保持着联系，并且每年克尔都去看西弗好几次。他们甚至不再讨论篮球——直到某天深夜克尔接到西弗的电话。西弗告诉克尔，他高中毕业后进入了一所社区学院读书。克尔知道这些，但他继续说，他仍然在社区篮球联赛中打球，尽他最大的努力去做到更好。他当时已经22岁，仍然坚持着赢取篮球奖学金的梦想。他说："克尔舅舅，您还记得吗？您对我说过您相信我，让我永远不要放弃！"

克尔说："当然记得，小伙子。"

西弗接着说："其他人都说我疯了，但我相信我自己，而且您也支持我，这对我来说就足够了。克尔舅舅，我没有放弃，而且我想让您知道，我刚刚签了文件，接受了在今年秋天去大学打篮球的全额奖学金。"

那一刻，克尔不禁哽咽起来。

给中国父母的教育建议

想象一下，如果每个孩子都坚定不移地相信自己能实现梦想，那我们的社会会增添多少个医生、律师、考古学家、画家、慈善家……美国的家长从来不会轻

易打击孩子的自信，当孩子满怀信心去做一件事情的时候，他们会给予支持和鼓励，当孩子怀疑自己的能力时，他们会让孩子重新自信起来！

对孩子说："相信自己，你是最棒的"

比尔·盖茨是全球家喻户晓的人物，他在短短的 20 年时间里，就创造了惊人的不计其数的财富，成为世界的首富，取得了举世瞩目的巨大成就。比尔·盖茨在创办微软公司后，给他的父母写了一封信。其中有一段话是这样说的：亲爱的爸爸妈妈，谢谢你们，你们从不说我比别的孩子差，尽管我在某些方面确实不如别的孩子，可你们总是会对我说：孩子，你不比任何一个孩子差，相信自己，你是最棒的！正是你们阳光般的鼓励，使我拥有了强胜的自信心做动力，让自己一步步地走向成功，走向人生的辉煌！

孩子的自信需要家长的支持，这样他们才能更自信，才能继续为理想奋斗。

坚定不移地相信孩子

很多时候，中国的一部分家长忽略了这一点。

小希用了很长的时间写了一篇小说，想委托妈妈送给一位著名的作家，希望能得到他的教诲。小希的妈妈是出版社的一位编辑，找到了一位相熟的作家，并带着她来到了作家的家里。作家很热情地接待了她，因为作家眼睛不太好，小希就把自己的作品念给作家听。很快，她就读完停了下来。

作家问："结束了吗？"

"听他的语气，似乎渴望能有下文！"想到这里，小希立刻产生了灵感，回答说："没有啊，后面的部分更精彩。"于是她就根据自己的想象继续往下"念"。

过了一会儿，作家又问："结束了吗？"

小希心想："他肯定是渴望把整个故事听完。"于是她就接着向下念。

如果不是突然响起的电话铃声打断了她，她会一直念下去的。作家因为有事需要马上出门。临走前，作家说："其实你的小说早该收笔，在我第一次询问你是否结束了的时候，就应该结束。何必画蛇添足、狗尾续貂？看来你缺少作为一名作者最基本的素质——决断。决断是当作家的根本，拖泥带水的作品怎么能打动读者呢？"

听了作家的话，小希后悔莫及，心想："看来自己不适合从事写作，还是放弃吧，为自己重新找一个方向吧！"

她的妈妈也为此感到惋惜，本来她觉得孩子还是有天赋的，不过既然作家都这么说了，那就算了。

很多年后，小希从事了绘画的职业，但是她从心里还是喜欢写作，那是她儿时的梦想。可是自己偏偏不具备写作的基本素质。人生真的是有很多不如意。

一个很偶然的机会，小希结识了一位更著名的作家，当小希和他谈及当年给作家念小说的事情时，这位作家惊呼："你能在那么短的时间里编造出那么精彩的故事，真是不容易呀！这是作为一个优秀作家应该拥有的最基本的能力！而你放弃了写作实在是太可惜了！"

小希愣住了，不知道说什么。

同一件事情，在不同人的眼中会有不同的观点，即使他们都是成功人士。在更多时候，孩子需要相信自己，坚持走自己的路，家长也应该坚定不移地相信孩子。如果当时小希的妈妈能够不顾作家的意见，继续支持小希，那么可能最终的结果就会不一样了。作为家长，在很大程度上要给孩子以自信心，自信心比什么都重要。

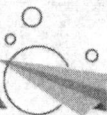

他们俩同样让我感到非常自豪!
——比较会让孩子丢了自信

杜鲁门:美国第 33 任总统,执政八年(1945～1953)。

在杜鲁门当选总统后,一天,一位记者来拜访他的母亲。

记者笑着对杜鲁门的母亲说:"有哈里这样的儿子,你一定感到十分自豪!"

杜鲁门的母亲微笑着说:"是这样的。不过,我还有一个儿子,他现在正在地里挖土豆呢!同样让我感到非常自豪。"

杜鲁门的弟弟是一位农夫,但是,母亲并没有认为这位做农夫的儿子是无能的。对她来说,每个孩子都令她感到自豪,无论儿子是总统还是农夫。

在接受记者采访时,杜鲁门的弟弟是这样评价哥哥和自己的:"我为哥哥感到骄傲,他将是美国最优秀的总统之一。但我同时也为自己感到骄傲,我是一名农夫,用自己的双手养活了自己,照顾了父母。"

给中国父母的教育建议

每个孩子都有长处和优点,美国家长不会一个劲地拿别的孩子来与自己的孩子对比,他们这样的过度"激将"会伤害孩子的自尊心。他们总是善于发现孩子们的优点,相信自己的孩子是优秀的,把赞美留给自己的孩子,让孩子在家长的赞赏声中发扬自己的长处，弥补自己的不足。

但是许多中国的家长认为"没有比较就不会有进步"，蓄意把自家孩子跟别的孩子比较，以为可以激励孩子。其实这是错误的。无疑人生有比较才有竞争，有竞争才更会激发孩子的进取心，但若一个人的竞争对象是自己四周的人，在班级内要打败其他同学，在同事当中要踩低所有人，那么这个人的一生会很痛苦。

不要在人前批评孩子

人人都喜欢把自己好的一面展示给别人看，孩子也不例外，父母要明白，即使孩子有缺点，也没有必要弄得人尽皆知，千万不要夸其他孩子的优点而贬自己的孩子。这在大人看来没有什么，但对孩子来说却意味着尊严尽失。这种"激将法"会使父母在孩子心目中的形象降低，造成孩子对父母的不信任甚至逆反。

有一位教育家在他的报告中讲过这样的一件事。

我有一个邻居，他家的小孩刚读初中，成绩不太好，可他却非常好面子。

偶尔，我们家长之间也会因为大家的孩子都在一个学校而相互说说教育孩子的烦恼。这位孩子的母亲经常当着我们的面数落她孩子的不是。比如她总是会当着大家的面说孩子粗心、好动、注意力不集中、逆反心强等缺点。这位母亲还总是说别人家的孩子懂事听话、成绩好，不让家长操心，她的孩子怎么就没有优点。

渐渐地，和这个孩子在一起的几个同学几乎都知道了他的缺点，同时，我也发现这个孩子变得越来越孤僻、退缩，孩子与妈妈的冲突也不断发生。可见，这位孩子妈妈的"严厉管教"与不断比较，不仅让孩子丢了面子，也把孩子的自信心给比丢了。

生活中，每个孩子都难免会表现出一些小毛病，比如磨蹭、挑剔、好动等，这些小问题虽不严重，却常常把父母折腾得够呛。而父母在面对这些问题时，往往会到处诉苦，把自己孩子的缺点到处宣扬，甚至不给孩子留一点面子。

父母之所以会这么做，是因为他们认为在别人面前夸自己的孩子，或者只是把孩子好的一面展示给别人，容易养成孩子骄傲自大的毛病，会不利于孩子的健康成长，同时也有违中国人谦虚的美德。因此，有很多父母会刻意在别人面前批评自己的孩子，而夸别人家的孩子如何好。殊不知，在父母无心的比来比去的行为中，和总认为别人家的孩子好的观念中，自己孩子的尊严却在父母的"激将法"下牺牲。

父母要帮助孩子一起分析原因

父母应客观地、诚恳地为孩子指出他们的不足，平心静气地为孩子疏导消极的情绪，树立其面对不足、克服不足的信心，随时鼓励孩子要有上进心。例如："你和他是有一点距离，主要是因为他比你更努力，更爱钻研，但是你要有自信，因为如果你努力一点，完全有潜力像他一样，甚至超过他！要更加努力来提高自己，知道吗？"

我不想玩这个，我会摔下去的！
——帮助孩子克服恐惧，建立自信

美国家庭教育实例

小斯科特：6岁，有点胆小，缺乏自信。

斯科特：木工工人，总是为儿子小斯科特做很多玩具。

为了让儿子的身体得到良好的锻炼，也为了让他多一种娱乐活动，斯科特在院子里专门做了一个秋千。虽然荡秋千是大多数孩子喜爱的一项运动，但把它安放好之后，才发现小斯科特很害怕秋千。

当斯科特第一次将他抱上秋千的踏板上时，小斯科特吓得哭了起来。

"不，不。"小斯科特站在踏板上紧紧地抓住绳子，他的动作狼狈极了，不停地哀求爸爸把他放下来。

"这没有什么，很多孩子都会玩，你不用害怕。"斯科特一边说一边将他稳稳地扶住。

"爸爸，我不想玩这个，我会摔下去的。"小斯科特哭着说道。

"你不会摔下来的。只要抓住绳子，会很安全的。"

"不，我害怕。"儿子仍然坚持。

见到他那副害怕的样子，斯科特知道再劝说也没有用，便把他抱了下来。

"这样吧，爸爸先给你做个示范。等你见到爸爸玩得很高兴的时候，你一定会改变主意的。"说完，斯科特就上了秋千开始摇荡起来。

"爸爸，你真行！"见爸爸在秋千上荡得很高很高，小斯科特高声欢呼起来。

"那么，你也来试试好吗？"他问儿子。

"好吧，可是我不要荡得那么高。"儿子终于同意试一下。

这一次，儿子仍然很害怕，但他毕竟有了一个开始。他站在秋千的踏板上扭来扭去，样子难看极了。不仅如此，他几乎没有把秋千荡起来。

这时，女佣莱依小姐走了过来。她见到小斯科特的模样顿时大笑起来："威廉，你是在荡秋千吗？怎么一点儿也不像呀。"

"不，莱依小姐，你不应该这样说，威廉做得很好。"听见莱依小姐那样说，斯科特担心会由此而打击小斯科特的自信心，连忙出声制止了她。

　　莱依小姐是个很机灵的人，她立刻明白了斯科特的意思，连忙说道："哦，我忘了，在我第一次荡秋千时还不如威廉呢。"

　　"是吗?"儿子听见莱依小姐这样说，便立刻来了精神，用力在秋千上摇荡了几下。

　　"是这样的。据我所知，每个人第一次荡秋千时都害怕得要命，爸爸也是这样的。"斯科特乘机鼓励小斯科特，"我第一次上千秋的踏板上时比你还要害怕，站在那里一动不动，根本不敢晃动。你比我好多了，我相信用不了几天你就会荡得很高很高。"

　　"真的?"小斯科特听见斯科特和莱依小姐都这样说，恐惧感顿时消失得无影无踪。

　　第二天，斯科特下班后回家，还没有走到家便听到花园中传来了欢笑声。小斯科特和莱依小姐正在高兴地荡着秋千。

给中国父母的教育建议

　　恐惧心理和自信心有着密切的关系。孩子的恐惧心理很大程度上来源于没有自信心，只要建立起自信心和良好的自我感觉，那可恶的恐惧心理自然会消失掉。美国家长非常懂得帮助孩子树立自信心，他们总是从日常生活中的点滴做起，逐步积累，帮助孩子克服恐惧，建立自信。

区分正常的恐惧和需要克服的恐惧

　　每个孩子都会因各种原因产生恐惧，家长要认真区分。例如，孩子在两三岁时害怕陌生人接触自己，这是正常的表现；但是如果一见到陌生人就大声哭喊，无法与人交往，这就需要帮助孩子克服恐惧心理了。

父母不要对孩子过度关照

　　孩子的恐惧感多来自丰富的想象，自己吓自己。作为家长，此时要充分理解孩子的想象力，帮助孩子树立自信心，不要指责孩子无聊，脑袋里乱想事情。要对孩子的想象进行分析，从而减轻孩子的恐惧感。当然，父母的关心要适度，不能因为孩子恐惧某些事物，就每天紧随其后或形影不离，这样的做法只能加深孩子对周围环境的恐惧感。

面对恐怖情境，父母首先要镇静，其次要从容地帮助孩子

有些父母可能很难相信：孩子对某些事物的害怕往往是从父母那儿学来的。正因为如此，当面临恐怖场面时，父母一定要镇静，显出一副若无其事的样子帮助孩子摆脱困难。千万不可惊慌失措造成孩子的二次恐惧。

你看，书现在掉不下来了！
——家长的"帮忙"会抹杀孩子的自信

美国家庭教育实例

张丹：书店职员。

一天，张丹像往常一样在办公室里办公。一位年轻的母亲带着仅有 18 个月的小孩来到办公室，她要为自己的小宝贝挑选几本不错的书。

妈妈在一边挑书，这个 18 个月大的小精灵则开始在办公室里窜来窜去，似乎要把整个办公室给"研究"个明白。过了一会儿，妈妈挑好了几本书，小女孩表示要自己将书拿起来，妈妈同意给她这个锻炼的机会，小女孩开始拿书。令她生气的是，总有一本书会从她的手中滑落到地上，她反反复复地尝试了四遍，结果四遍都失败了。小女孩开始有些气恼，整张脸涨得通红，眉头也跟着拧了起来。

张丹看到小女孩快哭了，她决定帮帮这个小女孩，她用橡皮筋将这几本书捆在一起，这样，书就不会掉下来了，小女孩也能拿住了。张丹拿了一条橡皮筋，将书一一捆在一起。小女孩开始没有任何反应，只是认真地看着这个大人（张丹）的奇怪举动。书捆好后，张丹将书拿起来给小女孩："你看，书现在掉不下来了。"令张丹意想不到的是，小女孩看着被捆到一起的书，竟嚎啕大哭起来。

张丹很窘迫，怎么回事？小女孩的妈妈说："其实你不需要帮助她，她只是想要用自己的方法把书拿起来。"

张丹赫然明白，自己犯了一个无比严重的错误——你的方法不可以！我可以！你不能把书拿起来，要让我来帮你！张丹无意识的举动，间接地向孩子表明了她很软弱、很无能。在孩子的心目中，这并不是在帮助她解决问题，而是在"告诉"她，她是多么的没用。

给中国父母的教育建议

孩子们有的时候显得有些"笨拙"，大人有时会急切地想要"帮助"他们完成这些事情。殊不知，大人的这些帮助却恰恰抹杀了孩子的自信心，长此以往，孩子的自信心将无从建立。美国家长经常会"袖手旁观"，不去帮助孩子，让孩子自己解决问题。

雷·特恩布尔有个外孙——5岁的雅各布。一天下午，雷·特恩布尔、雅各布和一个中国来的朋友在外面散步，走了很长时间。回到家里，大家都非常渴，雅各布飞一般地跑到厨房找水喝，他踮着脚尖，从冰箱里拿出饮料，双手抱着瓶子挪到桌子旁，用力举着瓶子，慢慢地往自己的杯子里面倒饮料。这时候，中国朋友想去帮忙，被雷·特恩布尔制止了，他用眼神示意朋友继续看。雅各布倒好之后，又认真地把饮料瓶子放回冰箱。当这一切做好后，雅各布仰着脸，看着祖母，得意地说："我可以自己倒了！"

对于"帮助"这个动作，家长应该要慎重，否则只会"好心办坏事"，影响孩子自信心和独立能力的建立。

家长要舍得放手

许多家长看不得孩子受一点挫折，还没等孩子主动要求大人帮忙，就"扑"了上去，这是不对的。孩子的成长，多由于父母的教育和环境的影响，才形成了不同的人格品质和能力。儿童心理学研究表明：幼儿期心理活动的主动性明显增加，喜欢自己去尝试体验。所以父母应该放手，让孩子自己做些力所能及的事。

等着孩子说"请帮忙"

以倒牛奶的雅各布为例，如果雅各布确实是做不了，无法自己倒牛奶，那么家长也不要直接走过去帮忙，而是应该等孩子自己说"请帮忙"的时候再予以帮助。同时，家长要教给孩子倒牛奶的方法，这是重新建立孩子自信的好机会。

谢谢你给我重新开始的自信！
——别总揭孩子的"旧伤疤"

美国家庭教育实例

汤普森：华尔街最年轻的基金经理人，小时候曾因偷窃被拘留。

芭芭拉：汤普森的母亲，慈祥和蔼。

汤普森非常聪明，学习成绩也很好，只是因为后来结交了一些不好的朋友，所以学会了偷窃，甚至发展到偷抢超市，结果被拘留了。后来，尽管汤普森获得了释放，但是，却被学校开除了。

所有的人，包括孩子的爸爸都放弃了这个孩子，妈妈芭芭拉伤心到了极点，但是，她没有放弃孩子，她相信自己有能力挽救孩子。

芭芭拉几乎跑遍了整个城市，才给汤普森联系到一家愿意收他的学校，可是，汤普森却不愿去，他宁愿与他以前的朋友玩，宁愿和以前一样生活。

芭芭拉没有对孩子训斥，也没有揭其旧伤疤，说孩子以前的不是，而是给孩子出了一道题：

有3个候选人，他们分别是：

A. 笃信巫医，有两个情妇，有多年的吸烟史；

B. 曾经两次被赶出办公室，每天中午才起床，每晚都要喝大约1公斤的白兰地，而且曾经有过吸食鸦片的记录；

C. 曾是国家的战斗英雄，一直保持素食习惯，热爱艺术，偶尔喝点酒，年轻时从未做过违法的事。

芭芭拉的两个问题是：

"如果我告诉你，在这3个人中，有一位会成为众人敬仰的伟人，你认为会是谁？"

"猜想一下，这3个人将来各自会有什么样的命运？"

对于第一个问题，汤普森选择了C。

对于第二个问题，汤普森这样回答：A和B将来的命运肯定不妙，要么成为罪犯，要么也是个废物。而C一定会成为一个社会精英。

芭芭拉把答案给汤普森看，汤普森看后吃了一惊。

"孩子，你的答案是错的。你的结论只符合一般的判断，这3个人其实是'二战'时期的著名人物：A是富兰克林·罗斯福，他身残志坚，连任 4 届美国总统；B 是英国历史上著名的首相温斯顿·丘吉尔；而 C 的名字是希特勒，一个嗜血如命、杀害无数无辜生命、最后不得善终的法西斯头子。"

汤普森呆呆地看着芭芭拉，他简直不敢相信自己的耳朵。

芭芭拉摸着汤普森的小脸说："孩子，你的人生之路才刚刚开始，以往的过错只能代表过去，不能代表一个人的现在和将来。每个人都不是完美的，就算伟人也会有过错。从现在开始，忘记过去，努力做你想做的事情，你终会成为一个有作为的人。"

芭芭拉的话，改变了汤普森的生活态度。他高高兴兴地去上学，并且认真学习，过去的事情好像从来没有发生过。后来，这个孩子成了华尔街最年轻的基金经理人，他说："是妈妈让我觉醒，我要谢谢我的妈妈，是她给了我重新开始的自信。"

给中国父母的教育建议

如果家长总揭孩子的伤疤，这对于敏感的孩子来说，极有可能会使其认为自己是个失败者，甚至完全放弃努力，与家长的关系越来越疏远。美国家长不会这么做，他们大都会像实例中的芭芭拉一样，不盯着孩子的过去揭孩子的旧伤，而是让孩子明白：过去并不重要，无论你过去犯了多大的错误，但你仍还有机会把握现在和将来。这种鼓励，让孩子重新找回了自信。

揭孩子旧伤的弊端

很多家长认为，揭孩子旧伤可以使孩子加强记忆，促使孩子改正错误，当然，从某种层面来说，是有这样的效应，但是这一点点"利"却远远不如它带来的"弊"。揭孩子旧伤会伤害孩子的自尊心，使孩子产生破罐子破摔的不良心理。英国教育学家洛克说过："父母不宣扬子女的过错，则子女对于自己的名誉就愈看重，他们觉得自己是有名誉的人，因而更会小心地去维持别人对自己的好评；若是你当众宣布他们的过失，使其无地自容，他们便会失望，而制裁他们的工具也就没有了，他们愈觉得自己的名誉已经受了打击，则他们设法维持别人的好评的意识也就愈加淡薄。"实际情况正如洛克所述，孩子如若被揭开心灵上的"伤疤"，那么孩子自尊、自爱的心理防线就会被击溃，甚至会产生以丑为美的异常心理。可见，父母不要总是揭孩子的旧伤，而是要就事论事，给予孩子鼓励和自信。

不要总是紧盯住孩子的过去不放

无论孩子以前是什么样子，父母要让孩子明白，过去并不重要，重要的是要相信自己有能力去把握现在与未来。要让孩子把更多的时间和精力放到自身的努力和勤奋上，力争今后创造出不平凡的业绩。

多看到孩子进步的一面

每个孩子都有自己的长处，孩子在成长的过程中，天天都会有进步，只要父母把目光从紧盯"孩子的不足"之处移开，就能看到阳光的一面，这一转变对孩子来说很重要，会让他感到温暖。

第六章 关于沟通——亲子

沟通是美国家长的"大事儿"

我想去皮洛的城堡!
——没有"不可理喻"的孩子

特蕾丝: 3岁,什么都喜欢和妈妈"对着干"。

伊娃: 特蕾丝的母亲,话剧演员。

3岁的特蕾丝最近总是闹脾气,凡事喜欢拗着来,这在父母看来真是有点莫名其妙。以前的特蕾丝是多么懂事、听话啊,让她做什么她就做什么!她的爸爸妈妈开始感到头疼,他们有时甚至觉得自己生了一个"怪胎"!

妈妈伊娃用最大的耐心跟特蕾丝讲道理,可特蕾丝就是直摇头,根本不把伊娃的话当一回事。

"特蕾丝,听妈妈说,你不应该爬那么高!"

"特蕾丝,你应该像以前一样听话,不要做那些危险的事,爸爸妈妈不是跟你说过了吗?那样很危险!"

"特蕾丝……"

伊娃讲了一大堆话,可特蕾丝呢,根本就没有听。

一天,特蕾丝又不听话了,本来按照爸爸妈妈的计划应该去萨尔玛湖边郊游。可小特蕾丝就是不去,怎么拽她都不去。伊娃生气地问:"你想干什么?你说啊!"

特蕾丝小声地回答说:"我想去皮洛的城堡,我喜欢那里。"

爸爸说："嗯，不错啊，皮洛城堡也不错！特蕾丝，你的主意真好！"

特蕾丝的想法终于得到了爸爸的支持，特蕾丝高兴地跳了起来。她赶紧跑进屋里收拾自己的东西……整整一天，小特蕾丝都没有闹过一点脾气。

为什么当她的父亲说到要带特蕾丝去皮洛城堡时，特蕾丝就听话了呢？她们仔细回想了今天所发生的事，终于明白小特蕾丝已经"长大"了，她开始有自己的主意了，她再也不是过去那个任人摆布的小家伙了！

此后，她们开始尝试倾听小特蕾丝的想法，尝试理解小特蕾丝各种举动背后所蕴藏的含义。果真，小特蕾丝再也不像他们以前所想的那样不可理喻了！

给中国父母的教育建议

谁了解孩子的心理，谁就会赢得孩子的心，取得教育的主动权；反之，则会产生顶牛现象，甚至遭到孩子的怨恨，费力而不讨好。美国家长很注意这一点，所以在生活中，也经常会设身处地站在孩子的角度来想问题，理解孩子。从现在起，中国家长也要意识到理解孩子的重要性，支持孩子的正当要求，与孩子同喜、同忧、同乐，心意相通，情感交融，这样才能爱得准、爱得深、爱得正当。

知道孩子的要求

美国《读者文摘》曾刊登过一篇孩子写给父母的信，充分表达了孩子对父母的要求，这对中国家长了解孩子有一定的启示作用：

我的手很小，无论做什么事，请不要要求我十全十美。我的脚很短，请慢些走，以便我能跟得上您。

我的眼睛不像您那样见过世面，请让我自己慢慢地观察一切事物，并希望您不要过多地对我加以限制。

家务事是繁多的，而我的童年是短暂的，请花些时间给我讲一点世界上的奇闻，不要只把我当成取乐的玩具。

我的感情是脆弱的，请对我的反应敏感些，不要整天责骂不休。对待我应像对待您自己一样。

请爱护我，经常教导我对人要有礼貌，指导我做事情，教育我靠什么生活。

我需要您不断鼓励，不要经常严厉地批评、威吓我。您可以批评我做错的事情，但不要责骂我本人。

请给我一些自由，让我自己决定一些事情，允许我不成功，以便我从不成功中吸取教训，总有一天，我会自己决定自己的生活道路。

请让我和您一起娱乐。我需要从您那里得到愉快，正像您需要从我这里得到欢乐一样。

家长跟上孩子的发展变化，了解孩子不同时期的心理特点，了解孩子的兴趣、爱好、性格变化，理解孩子的欢乐和苦恼，这是缩短与孩子之间的距离，以及与孩子心灵接近、心灵相通的基础。

家长要经常回忆自己的童年

每个人都有自己美妙的童年。可人一做了父母，往往就把自己的童年给忘了，一味以成人的心情要求孩子。如果家长能经常回忆自己的童年，"将心比心"，遇到问题替孩子设身处地想想，就容易理解孩子的心情，对孩子的教育方法自然也会改变。比如孩子正跳皮筋跳得来劲，家长非得让孩子马上回家，孩子的嘴就会撅得老高老高，为什么？因为她刚跳完，应该给别人抻皮筋了，这时候走开，小朋友就会对她不满。假如好容易等到该她跳了，而家长把她叫回家，她心里也会不满。如果家长理解孩子的这种心情，再玩几分钟就回家，孩子有了思想准备，"告一段落"后自觉不玩，心里的不平衡也就得到解决。做家长的不要忘了自己的童年：拍洋画、弹球、打弹弓、跳皮筋、跳房子、下老虎棋、吹泡泡、过家家，都曾使我们迷恋过；骑马打仗、打雪仗、藏猫猫，也曾使我们激动过，如果这些我们能回忆一下，对于理解孩子、正确引导孩子都是大有好处的。

妈妈，对不起，让你失望了……
——和孩子进行真正的、有效的讨论

美国家庭教育实例

史蒂芬：初中二年级学生，初到中国，学习和饮食有许多不适应。

琳达：外交官，和丈夫、孩子已在中国定居 4 个月左右。

史蒂芬今天拿到考试成绩，由全班的第 15 名下降到了第 25 名，他愁眉苦脸，不知道如何应对……

推开家门，母亲琳达正在收拾屋子。

"回来啦！"琳达清脆的声音让史蒂芬抬起了头。

"怎么了？"敏感的琳达发现了儿子的神色有些不对。

"我……考试成绩下来了……由全班的第 15 名下降到了第 25 名……"史蒂芬嗫嚅着说。

琳达愣了一小会儿，说："从第 15 名变成第 25 名了……我很遗憾，你心里一定也不舒服吧？"

史蒂芬低头，说："妈妈，对不起，让你失望了……"

琳达拉过史蒂芬，两人并排坐在沙发上，说："孩子，咱先不管它第几名，告诉妈妈，你对这次的考试成绩是怎么看的？"

史蒂芬说："说实在的，妈妈，主要是这一段时间生病耽误了点事，其实我还是可以的。本来前15名是可以保持的。"

琳达说："这是客观原因，主观上有什么原因吗？"

"每次考试都要排名，我的压力有点大，总是害怕自己落后，我都快得焦虑症了。"史蒂芬老实地说。

琳达微微一笑，说："老师既然要排名，我想目的应该是让你们每个人知道自己在班上处在什么位置，排名也是有它的积极意义的，是吗？孩子，我想，你现在要先学会如何在考前把情绪调整到最佳，然后加强身体锻炼，提高身体素质，别动不动就生病，影响学习。你说对吗？"

"嗯，对，如果把这两点做好了，我想，保持前15名还是没有问题的。"

"能保持就已经很不错了！那我们下次考试争取前15名？"琳达问。

史蒂芬信心满满地点点头。

给中国父母的教育建议

美国家长十分注重与孩子的沟通，有任何事都会与孩子进行讨论，而不是用下命令的方式让孩子听从自己的意见。每一个孩子都有自己独立的思想，有自己的价值观、人生观，遇到一些需要讨论的事情，家长一定要摆正心态，摆正自己的角色，和孩子进行良好的沟通。

放弃高高在上的地位

要做到真正的讨论，家长必须放弃高高在上的地位。一旦家长认为"我是大人""我比他有经验""我比他懂得多""我吃的盐……我过的桥……"，在这种情境下进行讨论，效果肯定不好。讨论一定是在一个平等的状态下进行的，应真正地弯下腰来跟孩子说话，真正地去理解他。真正的讨论是家长跟孩子站在同一战壕里，双方是同一战壕里的战友，并排而立，一起对付困难。可是有很多时候，父母跟孩子是对立而站的，结果双方你一枪我一炮地干了起来，于是原本是想很好讨论一下的，结果却大多变成了互不相让的争吵；或者干脆连争吵也没有，弱势的孩子只是听父母在说，没有插嘴的份儿。

所以，家长首先一定要把自己的位置摆正：父母和孩子是并排站立的，一起来对付眼前的困难，双方的心态是一样的，考虑问题的出发点是一样的。

不要替孩子做出决定

家长对孩子有着很多希望，但这诸多希望是不是都能实现呢？未必！不能实现的原因有很多，其中有一条很重要，就是这些希望只是父母的希望，而不是孩子的希望，除非把这些希望变成是孩子自己的希望才有意义。运用到讨论这个过程来说，就是努力让孩子来决定怎么样做，而不是让家长来决定怎么做。决定权在家长这儿会有什么恶果呢？孩子必须被迫地去执行，这样的执行就很可能不是自觉行动，而很可能会懒惰、会磨蹭，于是就出现了父母天天跟在孩子屁股后面追着、撵着、督促着的情况，结果搞得双方的心情都极其糟糕，而且不是一两天的糟糕，这种糟糕的心情会一直牵扯着亲子关系的发展。假如说这个决定是孩子自己说出来的，他的自觉性和主动性会好很多，甚至会超常发挥。

原则性问题不用讨论

虽然说要尊重孩子，但并不是所有的问题都需要讨论。像一些原则性问题就不予讨论，必须执行，比如：不经允许，不能够在外面过夜；不可以去街边泡网吧……孩子自制力还不是很强，所以需要一些原则性的约束，这些原则是可以由父母来确立的，不需要和孩子多讨论，一定要坚决执行。尤其是一些与道德标准有关的事情，父母态度更要强硬一些。

谢谢您给我准备的生日礼物！
——为孩子营造轻松愉快的家庭氛围

海伦：中学生，就读于一所寄宿学校。

艾琳：海伦的母亲，作家。

海伦今天生日，但是不是星期天，所以她不能回家和父母一起过生日，只能在学校里过。让海伦意外的是，她今天收到了妈妈的来信和一大罐糖果，她非常开心，提笔给妈妈写了回信。

妈妈：

谢谢您给我准备的生日礼物！

今天我收到包裹的时候，大红色的喜庆包装让同学们都围了过来，大家都特别好奇，谁在生日当天给我寄礼物？我心里也非常期待，等我打开来一看，里面是满满一大罐糖果！您熟悉的字迹就出现在了卡片上，"生日快乐，和你的同学们一起分享甜蜜吧"，简短的一句话却让同学们欢呼起来！大家吃着糖，都羡慕我有个好妈妈！

我的好妈妈，谢谢您！给您回寄一张贺卡，祝您每天开心、快乐！

父母应为孩子营造轻松愉快的家庭氛围，创设良好的家庭环境，使孩子在关爱中成长，在愉快中学习，在欢笑中生活。美国父母非常关注这一点，他们不会忘记孩子生日或者其他重要的节日，会和孩子打趣、开玩笑，让孩子在生活中时时能够感受到来自父母、家庭的温暖。

良好家庭氛围的力量

拉斯洛·波尔加，一个普通的匈牙利心理学者，他和太太对三个女儿的教育，至今已成为犹太教子的一个经典案例。就是这样一个普通的犹太家庭，却创造了一个世界奇迹。

他的三个女儿——苏珊、索菲亚和朱蒂，是三位国际象棋史上的世界冠军！由波尔加三姐妹所组成的匈牙利国家队，在1988年的第十三届国际象棋女子团体赛中，夺得了世界冠军，结束了苏联队垄断30年的国际象棋霸主地位！

是什么样的家庭，创造了这样的奇迹和神话？一个充满爱的家庭。拉斯洛·波尔加认为一个充满轻松愉快氛围的家庭，对孩子的成长至关重要。

二女儿索菲亚有一段时间很喜欢玩象棋牌局。一次，大家都睡了，拉斯洛先生却发现索菲亚还待在浴室里。这孩子在干什么呢？拉斯洛先生走了过去，发现索菲亚在膝盖上摆弄着小棋子儿。拉斯洛先生幽默地对女儿说："你怎么还不让小棋子儿'休息'一下呢？"女儿撒娇地说："亲爱的爸爸，要是它们'休息'了，我就变得孤独了！"

又有一次，拉斯洛先生正和一位记者谈工作上的事，索菲亚蹦蹦跳跳地跑了进来，一下子扑到拉斯洛先生的膝前，坐在了他的腿上，非要他看她的棋局。拉斯洛先生没有生气，他顺着索菲亚的话题，向客人夸奖了她的进步，而且真的让索菲亚展示了她的"作品"，然后，再继续他和记者的工作。

正是在这样一种和谐、温馨、轻松的家庭氛围下，波尔加三姐妹才创造了举世瞩目的奇迹。她们幸福地学习并成长为出色的人才，她们的家庭也成为几个世纪以来的一个神话！

谁能不相信家庭良好氛围的力量呢？谁能不相信来自亲情的爱的力量呢？这告诉父母，只有在爱的沐浴下，才能收获丰硕的果实！即使父母没有所谓的天赋，即使父母不是博士也不是专家，父母依然可以让孩子出色！秘诀就在于营造轻松、愉悦的家庭氛围。

学会五种"爱的语言"

一个生活在充满浓浓爱意的家庭中的孩子是最快乐的，从事20年家庭辅导的盖瑞·查普曼博士发现，人们主要借助"五种语言"来表达爱、来了解爱，它们是：

语言上的肯定和欣赏（指有具体内容的欣赏、赞扬和鼓励的话语）；

高质量的相处时间（最美好的时间往往是家人团聚的时间，可能成为孩子一生中最珍贵的回忆）；

礼物（礼物是爱的视觉象征，礼物的价值在于独特，而不在于昂贵）；

服务的行动（无非是做对方想要自己做的事，必须出于心甘情愿）；

生理上的接触（生理上的接触对孩子来说就是父母的爱抚温暖和怀抱）。

父母不用担心孩子不懂自己的良苦用心，其实孩子4岁时就已经是一个心理专家了，她明白父母的善意，也明白基本的是非了，父母只需做一个发怒状，孩子就会立刻用害怕和哭泣来回应。所以，努力为孩子营造轻松愉快的家庭氛围吧，他们会因为父母的爱和家庭的温暖而更爱这个家，并对父母给予回报。

让幽默充满家庭

有一位妈妈在厨房洗东西，听到她的孩子在院子里跳个不停，妈妈好奇地问："你在玩什么呀？"孩子回答："我跳到月球上去了！"当时这位妈妈愣了一下，但她很有智慧，随后她很幽默地说："喔，千万不要忘了回来呀！"许多年后，这个孩子长大了，他成了地球上第一个登上月球的人，他的名字叫阿姆斯特朗。

母亲的幽默营造了轻松愉快的家庭氛围，让孩子的想象力、创造力得到充分的发挥，这不仅对孩子的健康成长具有良好作用，更对孩子将来的杰出成就做了良好的铺垫。

另外，在具体做的过程中，家长要明白讲笑话不等于就是幽默。使人发笑是件好事，但若让人觉得这人很可笑，那就不好了。具有真正幽默感的人，只能使人发笑且心情愉快，而不会让人感觉到有夸大不实之处。所以，就算说笑话，父母也要注意是不是合乎自己的个性，否则只会让孩子觉得父母很虚伪，太过夸张，结果适得其反。

欢乐的节庆是家庭氛围的"装饰品"

曾有研究发现，家人心灵深处的亲密关系，常通过节庆仪式不断深化、强化。研究者找来 120 对至少有一位学龄前孩子的夫妻，问有关家庭的节庆仪式和幸福感，比如"你们经常开怀大笑吗？"之类的问题，结果很有意思，那些全家一起做圣诞树、用小饰物装饰家里或者复活节时把蛋藏起来玩的家庭，关系和谐超过一般夫妻。对于孩子来说，欢乐的节庆日是童年时代最迷人的亮点，父母可以专门营造一些节日气氛，让家庭成为孩子温暖的港湾、美丽的伊甸园！

再也不想和温迪做朋友了！
——倾听是和孩子有效沟通的前提

美国家庭教育实例

瑞贝卡：小学生，性格活泼开朗，和母亲无话不谈。

瑞秋：瑞贝卡的母亲，超市销售经理。

　　瑞贝卡这天气呼呼地回来了，妈妈瑞秋放下手中的活，走到女儿身边，试探性地问："怎么了？你看起来很生气的样子……"

　　瑞贝卡愤愤地说："我再也不想和温迪做朋友了！"

　　"嗯，看样子她一定是惹你生了很大的气……"

　　"没错！你知道她都干什么了吗？在放学前，她把我的书抢过来扔到了地上！我根本没惹她！"

　　"到底是怎么回事？"

　　"她以为我弄坏了她的水晶天鹅，那是她刚收到的礼物。可是那不是我弄坏的！"

　　"哦，事实是这样吗？"

　　"嗯……我不是故意弄坏的，马克推我，我撞到了桌子上，碰倒了天鹅，它掉地上碎了……"

　　"原来是马克推了你。"

　　"是的，好多东西都掉在地上了，我并不是故意的。"

　　"我知道，你不是故意的。"

"但是，温迪不相信我。"

"你觉得如果你说实话，她也不会相信你？"

"我不知道……不管怎样，我会去向她解释清楚——不管她信不信，而且她必须向我赔礼道歉，她不该把我的书扔在地上。"

"好的，明天你们要心平气和地谈一谈。"

给中国父母的教育建议

从上面的实例中你会发现，其实瑞秋只进行了倾听，不需要提任何问题，瑞贝卡自己就把事情的始末，甚至是她打算如何处理这件事情的方法都说了出来。美国父母很会利用倾听，他们明白，倾听的力量远比说教的力量大得多。在不知不觉的倾听中，家长就能走进孩子的心灵，了解孩子的方法，更好地与孩子沟通。

如果想像美国父母那样，做到令孩子满意的倾听，就需要明白一定的倾听原则。

让孩子感觉到被关注

关注在倾听中是一个重要环节，它能使孩子从父母那儿获得亲切与安全的信息。所谓关注，是指父母通过自己的行为与语言，给孩子一个"我正在专心听你的诉说"的信息。

孩子也有自尊心，希望别人能重视自己，希望与在乎自己的人进行交流与交往。如果只有孩子单方面的交流愿望，那不就成了"单相思"吗？这样的沟通就很难进行下去。因此，倾听的一个重要步骤就是关注。

关注技术分两类，一类是体态语言，一类是口头语言。

体态语言就是通过人的面部表情、眼睛、手、脚以及身体的动作、姿态，传达某种情感的不言之语。如在舞台上，好的演员会用许多体态语言表达自己的情感，一举手、一投足、一个转身都表达了丰富的内心情感。在倾听孩子的诉说时，父母可以用许多体态语言对孩子表示关注。如：

让孩子坐下，自己也靠近孩子坐下。空间距离中包含着心理距离，心理距离与空间距离成正比，空间距离越大，心理距离也越大；相反，空间距离越小，心理距离也越小。

父母坐的时候要使自己的身体前倾，不要后仰。前倾表示重视孩子的讲话，后仰则显示出对孩子的一种不在乎。

父母的表情要与孩子"同频共振"，也就是说，要与孩子的情感相吻合。如果孩子当时非常痛苦，父母要有沉重的表情；如果孩子很高兴，父母也要流露出愉快的神情。

如果孩子说到伤心处，有时会痛哭，这时，父母最好的做法是递过手绢、纸巾，或为孩子拭泪，但不要阻止。因为哭也是一种宣泄，有利于身心健康。递上手绢或纸巾是对孩子哭的行为的一种支持。

将孩子拥在怀里，抚摸他的头发、脸颊、肩膀。很多父母在孩子很小的时候，很乐于表达亲昵的行为，等到孩子长大了，就觉得肢体接触"不好意思"或者没有那个必要。其实，孩子长大后，也需要温暖的身体接触，这可令孩子切身体会到父母的关怀。

父母还可用口头语言来表示关注。如"嗯"、"噢"、"我知道了"之类的话语，表示自己正在专心地关注孩子讲话。如果父母只顾听孩子说，而不用自己的声音传递关注，会引起孩子的误会，让孩子以为父母在想别的问题，没有在倾听他说话。当然父母的口头语言要简洁、清晰、合情。如果孩子在觉得委屈时，父母却只是一味地告诉他"没关系，坚强一点""这没什么好难过的"，会让孩子觉得父母一点都不能体会他的感受，若父母说："你很难过，我要是你也会有这种感受的。"相信会有截然不同的效果。

在对孩子用语时，低声细语能让孩子感到与父母处在平等的地位上。孩子的情绪极易受外界环境的影响而发生变化，高声训斥会使孩子因受到突然袭击而惊慌失措，精神处于高度紧张状态，甚至引起反感，反而听不进家长的话。常用温和亲切的低声细语来与孩子对话，还可以增强孩子对父母的信任感，增强孩子与父母进行交流的自信心，并能增进孩子和父母间的关系。

沟通需要父母的耐心

父母在与孩子交谈时，要耐心倾听他们的每一句话。要知道，大多数孩子是希望父母与他一起分享成长中的感受的。耐心倾听的氛围，容易让父母赢得孩子情感上的信任，而只有互相信任了，父母才能与孩子达到无拘无束交流的默契。

记住，不要还没有听完孩子所讲的整个过程的来龙去脉，就妄下结论。如孩子告诉你，他今天被老师批评了，父母马上就来一句"一定是你上课不认真听，犯错了"。久而久之，孩子就会与父母没话好说了。只有当父母耐心倾听孩子的话，知道孩子的许多经历后，才会获得正确引导孩子的机会。

经常有孩子兴冲冲想跟父母谈一些事情，但父母都总是忙着做其他的事，叫孩子等会儿再说；或者孩子诉说一件委屈的事，父母听到就发火、责骂，根本不去了解真正的缘由，久而久之，亲子之间的沟通就会发生问题。

在成年人的世界里，有一种特别受大家欢迎的人，他们在听对方谈话时，无论对方的地位怎样，总是细心、耐心、专注地倾听，说者自然也就感觉畅快淋漓，受到重视。其实，对待孩子也应该这样。每当孩子主动要向父母倾诉时，父母应该放下手中的工作，耐心地倾听孩子畅所欲言，让孩子把心中的郁闷宣泄出来。亲子之间如果能彼此倾诉，经常恳谈，问题就会少得多。

如果孩子说话得不到父母的重视，他们只能把自己的秘密埋藏在心里，做父母的就很难知道孩子所思所想，这样对孩子的教育就会无的放矢，无所适从。如果孩子的说话权得不到父母的尊重，久而久之，孩子就会与父母产生对抗情绪，以致双方相互不信任、沟通困难。

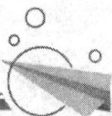

妈妈，不要再哭了……
——试着把感受向孩子倾诉

美国家庭教育实例

高顿：小学生，爱玩爱闹，就是不爱学习。

温妮：高顿的母亲，超市收银员，小时候家境贫困。

高顿向来读书就不太用功，无论妈妈温妮怎么责备怎么鼓励他，都没有什么效果。每日放学回家，不是看电视、上网，就是到处疯玩。

一天，温妮又在苦口婆心地劝高顿专心做功课，可高顿依旧是一边做，一边东张西望，一副没精打采的样子，这种情形让温妮伤透了脑筋。"高顿，妈妈讲个故事给你听。"温妮边说边在高顿身边坐下。

高顿一听温妮要讲故事，立即就来劲儿了，说："什么故事，快讲呀！"

温妮说："我小时也和你现在一样爱玩，做功课也不认真，每次考试都仅能维持及格，那时你外祖父总说我是个'淘气的孩子'。当小学毕业要上初中的时候，我兴奋得几个晚上都没睡好觉，总是在想那个学校是什么样呢！学校里的老师和同学肯定与我相处得很好。可是我的愿望没有实现，就在那时，你外公因一场大病住进了医院，再也没有回来。我也就没有机会再继续学习了。后来只有一边工作，一边在夜校上课，假日和晚上的时间都要用来温习功课，那时妈妈为学习付出了极大的努力。可是你现在有这样好的条件……"

温妮再也说不下去了，也不知是伤心，还是气愤，不禁掉下了眼泪。她无奈地对孩子说："是妈妈不好，是妈妈没有用，不能让自己的孩子学习用功，妈妈以后也不想再唠叨了。"然后默默地离开了高顿，回到了自己的房间。

听完妈妈的这番发自内心的话后，高顿深感不安和内疚，他走到妈妈的房间里，摇着妈妈的手说："妈妈，不要再哭了，我知道错了，我以后会用功读书的，不会再让妈妈伤心。"

给中国父母的教育建议

父母如果能向孩子敞露自己的内心，这就在一定程度上体现出了父母对孩子的尊重与信赖，并加强了与子女之间的情感联系，这种交流在孩子逐步成熟时期是尤为重要的。美国父母都会使用这个"教育小技巧"，这使得他们与孩子在感情上保持密切的联系，很容易和孩子沟通，从而有效地避免各种问题，使孩子能够顺利地成长。

对于刚刚意识到这一点的中国父母来说，父母与子女间的这种密切关系不是一下子就能建立的，它需要一个长期的、有意识的培养。因此，当孩子们开始发问："妈妈你为什么不高兴呀？是不是工作遇到麻烦"的时候，做家长的就该认真考虑一下，是否该与孩子认真谈一谈现在所遇到的困难与麻烦，并且让孩子与你分担这些压力。如果搪塞地说"没有什么，很好"或"不关你的事，去玩你的吧"，就等于将孩子对父母的关心推开，等于将孩子那一颗关怀他人的心挡在门外，孩子就会认为那是父母的事，不关自己的事。正是父母不让孩子有爱心和责任心，所以日后也就没有理由抱怨孩子不关心父母。

但是，更多的中国父母认为：大人的感受怎么能够与孩子讲呢，他们能知道什么呀？可是，孩子的心灵是敏感的，他们对外界的观察也是非常仔细的。比如，在日常生活中，我们会经常听到孩子这样问："爸爸，妈妈怎么了？怎么不高兴了？"其实，这就是孩子观察父母、关心父母的一种表现。但是，大多数的父母会这样呵斥："没有不高兴，你做自己的事吧！""大人的事，小孩子不懂，一边呆着去吧！"父母的这种行为，往往会让孩子产生这样的想法："既然父母的事情跟我无关，那我只要不给父母惹麻烦就可以了！"如果这种冷漠的态度产生了，就会大大地阻碍彼此间的亲密关系。

父母在向孩子敞开心扉时，不妨从以下两方面做起。

让孩子知道父母也并不是完美的人

父母在孩子面前，不必刻意呈现最好的一面。因为每个人都有他的优点和缺点，父母自然也不例外。在孩子遇到烦恼、失败与挫折向父母倾诉时，父母不妨利用这个机会，坦诚地将自己的喜、怒、哀、乐等种种情绪倾诉出来。

表现出最真挚的情感

与孩子沟通应是心与心的沟通，比如上面实例中的高顿，当他看到妈妈温妮为了他不用功读书而伤心掉眼泪时，深感内疚，认识到不好好读书妈妈会很伤心；为了不让妈妈再伤心，他决心好好用功读书。所以，在与孩子沟通时，父母用这种表现内心难过的真挚态度教诲孩子，比恶言恶语或责骂会来得更有效。和孩子交心，就得表现出最真挚的情感，这一点在亲子沟通中是不容忽视的。

在与孩子沟通时，父母不妨直接告诉给孩子自己的失败和挫折经历：自己曾有过什么抱负、梦想与目标，曾经因为自己所犯的错误而付出过多少代价，怎样由许多失败、痛苦而累积到经验，终于走向成功的道路等，这一切都可以向孩子倾诉，将自己的人生经验传授给孩子。孩子不会因为父母的过失或梦想无法达到而小看父母，相反，他可能会暗下决心完成父母的未竟之志呢！

父母想要知道孩子的想法，就要尝试着学会如何向孩子倾诉。只要父母应向孩子敞开心扉，谈谈有关于自己的梦想、成功和失败，孩子也就会彻底地向父母敞开心扉。

谢谢你对我的理解！
——多和孩子聊聊天，谈谈心

美国家庭教育实例

艾尔莎：13 岁，脾气倔强，要强。

多丽丝：艾尔莎的母亲，宠物店职员。

多丽丝和艾尔莎这对母女每天在睡前都会有 15 分钟的聊天时间。

这天，多丽丝因为艾尔莎故意踢翻了小狗的饭盆而责备了她，艾尔莎很生气。快睡觉了，艾尔莎以为母亲多丽丝不会和往常一样来和她聊天，谁知道多丽丝依旧走到了艾尔莎的床边。

多丽丝说道："我们现在可以好好谈一下了。"

艾尔莎望了一下母亲，没有说什么。

"刚才我太冲动了，你知道我想对你说什么吗？"

"不知道。"

"孩子，对不起，我不应该不问你踢到小狗的饭盆的原因就责备你，希望你别放在心上。"

听了母亲的话，艾尔莎有些不知所措，因为一切来得太突然了，她感到很局促，脸上一阵红一阵白。

"谢谢你对我的理解，我不是故意的。那条狗太可气了，把我的袜子咬了个洞……"

"哦，原来是这样。有什么办法补救吗？"

"我可以自己补好。"

"好的，如果你想让袜子上再添上一朵小花的话，我可以帮忙！"

接着，母女俩又聊了会儿别的话题，互道晚安睡觉了。

给中国父母的教育建议

在美国，许多父母会和孩子有一个固定的时间来聊天，然而在中国，父母与孩子之间聊天、谈心的时间太少了，尤其随着孩子的逐渐长大，许多父母除了例行公事性地询问孩子在学校的表现及学习成绩外，几乎没有什么可聊的。无怪乎，许多家长发出这样的感叹："孩子越大越不喜欢跟我聊天了，难道我这么招人讨厌吗？"其实不是孩子讨厌家长，而是孩子讨厌和家长聊天的形式和内容。

聊天内容别总围绕着孩子的学习

事实上，许多父母与孩子在一起的时候，最习惯于对孩子说的话就是："放学早点回家！""在学校听老师的话！""上课时认真听讲！""好好学习，考上大学！"似乎父母与孩子之间的话题总是局限于孩子的学习方面，当然，对于孩子而言，学习确实是非常需要关注的，但这必然会引起孩子的反感。久而久之，孩子就会失去与父母沟通的愿望，他们宁愿把自己的事情深深地埋在心底，也不愿意向父母说，尤其是在遇到挫折及困难时，他们更加不愿意向父母说，怕父母责骂自己，这样，亲子之间的沟通就越来越少，彼此之间的隔膜就产生了。

实际上，这是父母思想上的问题。如果父母不把焦点指向孩子的学习，而是多关心孩子的日常生活及心理、情感状况，真正地走进孩子的心灵，那么，亲子之间的关系就会越来越融洽。

除了学习以外，孩子在学校里每天都会遇到一些新鲜事，父母可以让孩子把每天的新鲜事讲给自己听，诸如孩子与同学之间的事情，孩子外出发生的事情等。总之，聊天话题忌讳总是孩子的学习。

那么，家长和孩子聊天应该聊些什么呢？孩子爱面子、害羞、情感细腻，于

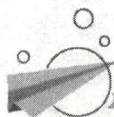

是想得比较多，心里话一般不轻易对别人讲。所以与孩子聊天时可以从她们的兴趣入手来拉近距离。

尊重孩子的独立性

另外，值得家长注意的是，随着孩子的逐渐长大，她们就不再每一件事都依赖父母了。这时候她们要求独立的愿望比较强烈，同这样的孩子谈心聊天，首先应该肯定她们争取独立性的愿望。在处事方法上尽量以朋友的口吻给她提建议，告诉她们这只是参考意见，并鼓励她们遇到事情时勇于做出自己的选择，敢于承担责任。信任是父母与孩子相处时必须要注意的也是最重要的准则。

讲究聊天的技巧

在与孩子聊天的时候，也需要有一定的技巧。

有些父母习惯于生硬地向孩子发问："今天学校里有什么新鲜事呀？""今天老师说什么了？"这种问话容易引起孩子作出消极回答，比如，她会回答："没说什么。"这样，交流就会停止。如果父母能够先观察一下孩子的表情，针对孩子的不同表情有意识地引导孩子开口说话，这样的聊天往往进行得比较顺利。

当发现孩子回家时比较兴奋，你就可以微笑着问："今天怎么这么高兴，是不是学校里发生了什么令人高兴的事，说来听听？"当发现孩子回家时比较沮丧，你就可以关切地问："你是不是心情不好？是不是遇到了什么困难和问题，需要我帮忙吗？"当发现孩子与人打架或者脾气比较大的时候，不要气急败坏，而要平静地问："哎呀，什么事情让你这么生气，说来听听？"这种形式的发问因为关注了孩子的情感，所以往往比较容易引导孩子作出积极回答。

另外，父母在引导孩子聊天的时候，可以故意制造一点儿神秘感，激发孩子的兴趣。比如："我在超市买东西的时候，竟然碰到了一件奇怪的事情。""我去学校找你们老师，他跟我讲了一个你的秘密。""我们单位今天发生了一件好笑的事情。""你知道吗？原来你爸爸也有不可告人的秘密！"这种神秘感较强的语言往往

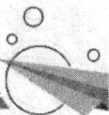

会激发孩子的好奇心,吸引孩子主动参与到聊天当中来。当然,父母要学会变换不同的语言和语气,不要老是用同一种句式。只要父母抱着友善、平等的态度,主动去了解孩子,主动引导孩子聊天,就能让孩子在聊天的过程中倾诉内心的想法与情感,实现情感的沟通和亲子关系的融合。

注意聊天的态度

与孩子聊天时,语气要亲切自然,态度要诚恳,切忌一边跟孩子说话,一边做其他的事情。语气亲切自然才能让他们感觉无拘无束,感到父母是他们的朋友后,他们才会把心里话告诉父母。此外,家长还可以针对孩子一段时间遇到的事情或者可能有的心事与他们聊天,采取说自己的方法,告诉孩子自己小的时候有过的苦恼,以及自己后来解决的过程。

我真是太丢脸了……
——帮助孩子摆脱失意的情绪

美国家庭教育实例

达西:"天才"儿童,7岁就完成了小学教育。
塞德兹:达西的父亲,教师。

达西不到7岁就完成了小学教育,这当然是值得骄傲的事。然而,他在学校的经历并非人们想象的那样尽善尽美,这其中也存在着许多不尽如人意的地方。

在一次由学校组织的体育比赛中,达西是最后一名。

那次的比赛，是同年级中的比赛，也就是说一年级的孩子们就仅限于一年级，比赛在不同的班之间进行。二、三、四、五年级也是相同的比赛办法。这样一来，达西首先在年龄上就吃了亏。达西报名参加了50米短跑，他当然不是别人的对手。

事后达西难过极了。他把这件事看得很重。大约过了一个星期，达西仍然闷闷不乐。看到他黯然的神情，他的父亲塞德兹认为有必要帮助他摆脱这种失意情绪。

"嘿，小伙子，你还在为那件事难过吗?"塞德兹问他。

"我真是太笨了，竟然得了倒数第一名，太丢脸了。"达西难过地说。

"是啊! 得最后一名是不怎么光彩，可是你想到过其中的原因没有?"塞德兹问。

"是什么原因呢?"

"因为年龄。你的对手都是比你大的孩子，这个很正常……"

给中国父母的教育建议

许多中国父母，在当孩子告诉自己"我感到难受"，"我很失望"时，会一笑了之，心里暗想"小孩子嘛，能有什么失意的感受呢"。然而，既然成年人有失意，那么，孩子也会有。美国家长十分重视孩子的情绪，当他们发现孩子沮丧、失意时，会及时和孩子沟通，帮助孩子摆脱不良情绪。在美国家长眼里，无论孩子大还是小，都是一样的"人"，都有"七情六欲"，成人需要开导，孩子也一样。

理解孩子的失意情绪

当孩子失意时，家长可以告诉孩子，并安慰他"你感到失落没有关系，这种情况下我也会失落的"，让孩子了解失望是很正常的，然后和他一起讨论解决问题的有效办法。

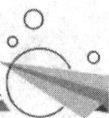

帮助孩子寻找失败的原因

要想解决问题，首先要明白问题出在哪里，孩子还小，往往找不到问题的关键，容易钻进死胡同，这时候就需要家长的帮助了。比如上面教育实例中的父亲塞德兹，他了解达西是一个从不服输的人，正因为如此，达西固执得往往去钻牛角尖，于是便开导他"虽然你现在是最后一名，我想这并不能表明你的体育不行，因为这完全是年龄造成的。我敢肯定，等你长到十一二岁时一定会比那些孩子跑得更快。"这样的解释能够让达西接受，从而失意的情绪也就一扫而光了。

告诉孩子宣泄的办法

当孩子失意的时候，家长可以告诉他各种宣泄的办法。适当的宣泄是对孩子的一种自我心理救护，它可以减少孩子挫折感的积累，可以帮助孩子轻装上阵，开始新的攀登。那么，有哪些宣泄的办法呢？

哭泣是最直接、最有效的宣泄手段之一。孩子能哭出来，就让他哭够，家长只要在他身边帮他抽纸巾、扶住他的肩就可以了！倾诉也是有效宣泄的一种手段。失意的孩子心中苦闷，找一两个他平时信任和亲近的人，最好是有相同经历、不会嘲笑和指责他的人，让他把心里的话倾吐出来。家长也可以做倾听者，不要管孩子此刻的言语多么语无伦次，也不用给他太多的安慰，愿意倾听，你就给了他巨大的精神支撑！合理运动是有效宣泄的第三种手段。远足、谈琴、书法、绘画、打球、舞蹈……这些活动能够帮助失意的孩子走向心理平衡。

特别提请家长注意的是：在宣泄的过程中，有些孩子会出现过激的行为，例如打人、骂人、吐唾沫、撕东西、摔东西等，对过激宣泄我们可以在很短的时间、很小的范围里包容，却不能纵容，更不能奖励，要注意引导孩子学会使用有效的宣泄手段，为将来孩子适应社会带给他的种种挫折奠定基础。

我觉得最近很烦！
——帮助孩子排解烦恼

贾斯汀：12 岁。

在贾斯汀的家里有一个"烦恼箱"，他遇上了什么烦心事都会写封信放入"烦恼箱"中，爸爸妈妈看到后便会来开导他、帮助他。

这天，贾斯汀往"烦恼箱"里放入了这样一封信：

妈妈：

我觉得最近很烦！

几次考试成绩都不如意，和要好的朋友也吵架了，最难受的是，前几天在下楼梯的时候我还崴了脚，现在一瘸一拐的……

前几天好朋友的钱包被偷了，他居然怀疑是我干的！我极力澄清，也请了老师来调查，虽然他没有确实的证据，可是因为没有找到钱包，我也无法彻底洗脱嫌疑，和他算是闹僵了。事情发生的时候，正好赶上考试，几门课我都考得不好，被老师"教育"过以后，我很难过，心不在焉地下楼梯，结果崴了脚……

唉，我现在算是"祸不单行"吧！只能跟您吐吐苦水了！

贾斯汀

12月4日

给中国父母的教育建议

在孩子的成长过程中，总会遇到许多这样那样的烦恼。既然烦恼是人生的一部分，父母就要教给孩子排解烦恼的方法，在这个过程中，美国父母会鼓励孩子、支持孩子，时刻让孩子感受到父母的关爱和指导。中国家长也可以尝试着这样做，以至于亲子之间的感情才能不断升华。

下面这个案例中的爸爸就处理得非常好。

卡特里娜从小品学兼优，一直是班干部。进入中学后，老师仍然让卡特里娜当班长。当班长后，卡特里娜每天忙得不可开交，老师经常会把班级的事情交给她来处理。有时，周末的时候，卡特里娜还要到学校里去帮助老师处理事情。

随着学业任务越来越重，卡特里娜越来越感觉到当班长的压力太大了。

一个周末，卡特里娜对爸爸说："爸，我最近觉得挺烦的，一边要应付一个又一个的模拟考试，一边又要管班里的事情，我都不知道该怎么办了。"

爸爸说："是呀，这事确实让人挺为难的。你现在可是班级里的大忙人了。"

"是呀，总是忙忙碌碌的，影响学习不说，我的心情也大受影响。你看这两次模拟考试的成绩明显有些下降。我心里很烦躁。"

"那怎么办呢？学习是很重要，但是，现在的社会也非常重能力，做班干部对于锻炼你的能力很有好处。你说呢？"

"我也是这么想的，要不我早就向老师辞职了。"女儿似乎很为难。

"要不这样，咱们再来制定一下时间表，看看哪些事情是可做可不做的，把它去掉，让你腾出时间来学习？"

"好像都挺重要的。"

"你不是每天晚上看新闻吗？我跟你妈妈商量一下，我们一边吃饭一边看电视，就可以替你省半个小时了，是不是？"

"行，可是我担心考不好。"

"关于考试的成绩，我再向你重申一遍。"爸爸一本正经地说，"我不看重成绩，一次考试看不出什么，甚至是已经考上大学的人，由于进入学校后放松学习，最后无法成才的人多的是。我希望你弄懂每一个问题和解题方法，尽自己最大的努力去考试，发挥出自己的正常水平就行了。而且，你的组织能力和协调能力都是不错的，如果这三者综合起来，你的综合素质就相当好，你没必要为分数而担心。"

"我知道，爸爸。可是，要进好学校就得靠分数呀！"

"爸爸相信你的实力，现在的问题好像是你的心态不对。不是还有一个学期吗？你只要按计划去做，坚持到底，我相信你能够发挥出最好的成绩。如果你还担心，我们先看几个月的效果，如果你实在无法兼顾，我们再向老师提出辞职的要求，你看行吗？"

"行，我试试吧。"女儿坚定地回答。

结果，卡特里娜果然把学习和班干部工作处理得非常好。当然，因为父亲的信任和支持，卡特里娜对父亲更加尊敬和佩服。父女俩像朋友一样，总是交流一些各自遇到的问题。

发现孩子有了烦恼，父母不要认为"小孩子有什么烦恼，都是无所谓的事"，这种居高临下的态度是相当有害的。正确的做法是，疏导孩子的不良情绪，和孩子一起面对烦恼，寻找烦恼的根源以及解决办法，用自己的人生经验为孩子提供解决问题的建议。

感受孩子的烦恼

父母不要认为孩子每天只有学习，其他事情都不用干，他们会有什么烦恼？

其实，由于孩子的心理发育并不完全成熟，遇到的一点点事情都有可能引起孩子的烦恼。因此，当孩子向父母表露烦恼的时候，父母一定要重视，然后用同理心去感受孩子的烦恼。比如，"我知道你觉得这件事情很难处理，心里很烦恼是不是？""你是不是觉得做不好这件事情，就会被老师责问，因此总是烦躁不安？"当父母主动表示了解孩子的烦恼时，孩子的烦恼就会减少一半，同时，他们会更有信心去面对烦恼、解决烦恼。

不要替孩子逃避问题

大部分的父母在孩子遇到烦恼时，总是习惯性地替孩子想逃避的办法，比如，"要不，咱不做那事了，省得你这么烦恼。""我看你干脆不要做这事了，管它是谁做，反正你不做。"这些消极的逃避策略无法解决孩子的烦恼，因为，孩子还可能再次遇到相同的问题，烦恼依然存在。同时，还有可能养成孩子逃避责任的坏习惯。如果孩子学会了"我不管！""反正不是我的事！"的人生态度，父母可能要后悔终生了。

不断关注事情的进展，始终支持孩子

在孩子解决烦恼的过程中，父母要一直关注孩子的一举一动，站在孩子的角度支持他，让孩子感觉到父母的信任和支持，从而更有信心和勇气去战胜烦恼。

有一句话叫"授人以鱼，不如授人以渔"，帮助孩子逃避烦恼，不如教孩子怎样排解烦恼，这样，孩子可以感受到父母是与自己站在一起的，从而促进亲子之间的情感沟通。

第七章　关于学习——不看重成绩的美国家长

小鱼怎么会死呢？
——巧妙引导孩子主动学习

美国家庭教育实例

韦勒：出生于知识分子家庭，热爱大自然。

安森：韦勒的父亲，大学医学系教授，专攻病理学研究。

1915 年 6 月 15 日，韦勒出生于美国中北部美丽的密执安州阿博镇一个知识分子家庭。

父亲安森在一所大学的医学系搞病理学研究，喜欢观赏、收集、喂养、解剖各种动植物，在他的书架上，可以看到许多医学和生物学方面的书籍、杂志，他的朋友大多也是医学家和生物学家。这一切，一直影响着韦勒，使他从小就对医学和生物学产生了浓厚的兴趣。

美丽的密执安州就像一座巨大的博物馆，阿博镇风景秀丽，四周有树林，有河流，还有一望无际的草地，各种各样的小动物随处跑动，成群的蝴蝶在花丛中嬉戏。韦勒和小伙伴们经常跑到草地上，时而扑住几只蝴蝶制成标本当作书签，时而躺在草地上仰望蓝天白云。有时候兴致来了，就会到河边去捉鱼。

一个星期天的下午，韦勒与小伙伴们到河边玩耍，捉到了几条小鱼。韦勒高兴地跳了起来，他把鱼带回家，拿来一个鱼缸，将鱼小心翼翼地放到里面。几条小鱼在自己的乐土里欢快地游着，不时还向水面吐出一串串的水泡，实在逗人喜爱。韦勒每天放学回家都会去看望小鱼，给它们喂剩肉和面包渣。为了让小鱼能够健康地成长，他每隔两天会为小鱼换一次水。但没过多久，还是有一条鱼不幸地死去了。韦勒看到它漂在水面上，一动不动，心里十分难过。

小鱼怎么会死呢？韦勒想弄个明白，于是决定将小鱼进行解剖，从它肚子里找原因。他将小鱼放在一块木板上，拿来一把小刀，然后将小鱼的肚子小心剖开。由于平日经常观看安森解剖各种动物，也看过安森解剖鱼类，韦勒解剖小鱼的动作颇得要领。当他剖开小鱼的肚子后，惊奇地发现一撮乳白色的小虫子在不停地蠕动。"啊！这是什么呢？是小鱼的后代吗？"韦勒天真地猜想着。

等安森下班回来，他急忙把自己的发现告诉了父亲，并指着鱼肚子里的白色小虫问安森："爸爸，那是不是小鱼的后代呀？"

安森听完这一切后，仔细观察了小鱼肚子里的东西，然后对韦勒说："那是鱼体内的寄生虫，并不是小鱼的后代。"

"小鱼是被它们害死的吗？它们是怎样钻进鱼肚子里去的呢……"韦勒晃着小脑袋向父亲提出了许多问题。

安森摸着儿子的脑袋，说："你为什么不自己去找一下答案呢？"

之后的一个星期，韦勒都泡在图书馆里，他找到答案后，对安森说："寄生虫一生的大多数时间都居住在另外一种动物上的，它在宿主的细胞、组织或腔道内寄生，引起一系列的损伤。寄生虫是难以消灭的致病源，不仅鱼体内有，其他动物和人体内也有，它们危害健康，是应该消灭的大敌。"

安森听后直点头，说："孩子，你要努力学习，长大了去研究消灭寄生虫的方法，为人类造福。"

安森的话深深地激励着韦勒。从此以后，他学习更加刻苦了，对生物课也更加酷爱了。

给中国父母的教育建议

美国人十分重视孩子的主动学习能力，在他们的学生版教学大纲里着重提到了这一点：主动学习是有效学习的前提，也是学生应该追求的一种学习态度。而在中国，大部分孩子是被动地、艰难地在学习，这就像把头埋在沙漠里的骆驼一样，它自己并不想向前走，却被驼人打着、拽着向前走，这种学习心态是被动的，不符合脑力劳动的规律。

那么，家长如何让自己的孩子主动学习呢？

培养孩子的学习兴趣

在上面的教育实例中，韦勒的父亲看到他对寄生虫有兴趣，就启发他主动去探索、寻找答案，这使得韦勒很有成就感，对生物学也更加有兴趣。家长要想孩子主动学习，首先就要培养出孩子对学习的兴趣，就像高尔基说的"我扑在书上，就像饥饿的人扑在面包上"一样，只有把学习当成喜欢的"面包"，才能让孩子"扑"上去。

使孩子明确学习目的

有明确的学习目标的孩子学习起来会更主动、更认真。众所周知，一般人的智力差异并不大，但为什么在同一个班里，同样的老师教，有的同学能学得很好，而有的学习的效果却很差呢？根本原因在于学习目标是否明确，有没有长远的理想和目标。当一个孩子从小就坚定地想要当上医生、律师、老师时，他还会懒懒散散、混沌度日吗？所以，想孩子主动学习，必须使孩子有明确的学习目的。

多与孩子沟通

与美国不同，中国家庭里的孩子大多数都是独生子女，在家里没有同年的伙伴，所以家长要注意多与孩子沟通，做孩子的好朋友，引导孩子用良好的心态去学习、生活。此外，还要帮助孩子建立良好的师生关系，使孩子乐于亲近老师，听从老师的教导，形成"亲其师，信其道，乐其教"的良好气氛，从而让孩子学习起来更主动、积极。

今天我们要画什么？
——充分发挥孩子的思维能动性

美国家庭教育实例

扬帆：小学生，在小学三年级时随父母移民美国。

苏西：扬帆在美国小学的绘画老师。

三年前，扬帆刚上小学。

一天早上，老师开始上课，她说："今天，我们学习画画。"

扬帆显得很兴奋："好哇！我喜欢画画。"狮子和老虎，小鸡或母牛，火车以及船儿……他会画许多东西。他高兴地拿出画笔，开始画了起来。

"等等，现在还不能开始。"老师突然说道。

老师停了下来，直到全班都很认真地看着她。老师又说："现在，我们来学画花。"

扬帆喜欢画花儿，他心里甭提有多高兴了。他开始用粉红色、橙色、蓝色蜡笔，勾勒出他自己的花朵。

"等等，我要教你们怎么画。"老师又打断大家。

于是她在黑板上画了一朵花。花是红色的，茎是绿色的。"看这里，你们可以开始学着画了。"

扬帆看看自己画的，又看着老师画的，他比较喜欢自己的花儿。但是他不能说出来，只能把老师的花画在纸的背面，那是一朵红色的花，带着绿色的茎。

另一天，扬帆进入教室。

"今天，我们用黏土来做东西。"老师说。

男孩心想："太好了。"他喜欢玩黏土。蛇和雪人、大象以及老鼠，汽车、货车，他都能够用黏土捏出来。

"现在，我们来做个盘子。"老师说。

男孩心想："嗯，我喜欢。"他喜欢做盘子，没多久，各式各样的盘子便"出笼"了。

"等等，我要教你们怎么做。"老师又打断了他。她做了一个深底的盘子。"你们可以照着做了。"

扬帆看着自己做的盘子，又看看老师做的。他真的比较喜欢自己的，但他不能说，他只是将黏土又揉成一个大球，再照着老师的方法做那个深底的盘子。

很快，扬帆学会看着、等着，仿效老师，做相同的事。

很快，他不再创造自己的东西了。

三年后，扬帆全家人要搬到美国，他转学到美国的一所陌生的学校。

第一天上课，老师苏西说："我们今天学习画画。"

扬帆想："太好了！"他等着苏西教他怎么做，但苏西什么也没说，只是沿着教室走。

苏西来到扬帆身边，"你不想画吗？"她问。

"我很喜欢啊！今天我们要画什么？"

"没有什么限制，你们自由发挥吧。"

"那，我应该怎样画呢？"

"随便，只要你喜欢。"苏西回答。

"能够用任何颜色吗？"

"要是每个人都用一样的颜色，画相同的图案，我怎么区分是谁画的呢？"苏西对他说。

于是，扬帆开始用粉红色、橙色、蓝色画出自己的小花。

扬帆喜欢这个新学校，喜欢苏西。

给中国父母的教育建议

思维能力是人的一种高级认识能力，是在感觉、知觉、记忆等过程的基础上产生的，是智力的核心。美国人非常重视孩子思维能动性的培养，他们喜欢孩子有不一样的想法，反对让孩子的思维"一体化"。

中国家长如何发展孩子的思维能动性呢？

提高孩子思维的灵活性

思维的灵活性是指善于打破陈规、按不同的条件不断地调整思维的方法，灵活运用一般的原则和原理。绝大多数人都听说过发明大王爱迪生的故事，当他在测量灯泡体积时，复杂的计算让他头疼不已，于是，他马上放弃了这种方式，利用灯泡在水中体积来计算，很容易便解决了。还有他为了发明电灯，曾试过一千多种材料，最后终于找到了适于电灯的炭化竹丝。人们常常拿这个故事来说明失败乃成功之母的道理，但是，也可以说正是由于爱迪生具有灵活的思维，不拘泥于某一种形式才取得了成功。与此同理，家长在培育孩子的过程中，及早发现或引导孩子掌握知识的灵活性是非常重要的。

那么，家长应该怎么做呢？

第一，丰富孩子的知识。孩子的知识越丰富，思维也就会越活跃，因为丰富的知识和经验可以使孩子产生广泛的联想，使思维灵活而敏捷。根据孩子思维的具体形象的特点，家长要重视运用直观教育，尽量调动孩子的感觉器官，使之能充分感知周围的事物，增进感性知识和经验。可以的话，家长应经常带孩子外出参观、游览，在游玩时多问孩子一些问题，促进孩子的积极思考，如"这棵树的

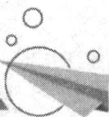

形状像什么"，促使孩子仔细看、认真想。另外，家长还可以每天花一定的时间组织孩子对见闻进行汇报，一边帮助孩子理清思绪，一边提供必要的词语，让孩子说出自己的见闻。这样，孩子既锻炼了思维、发展了语言，又丰富巩固了知识，一举多得。

第二，为孩子设疑。在孩子阅读或者做其他事情的时候，如果可以，那么就给孩子留下一些悬念、一些疑问。比如问孩子："一位小朋友，扛着扁担到田里去帮大人抬菜，半路上看见水渠对面有只小花猪正在瓜田哺瓜。他想去赶，但被一米多宽的小渠挡着，怎么办？"让孩子帮他想个过渠的办法。这一悬念能激发孩子思维的积极性，他们会在特定的情景中想出各种办法来：扁担架在渠道上爬过去；脱了鞋子走过去；用扁担支住渠底，像撑杆跳高那样跃过去……孩子面对疑难积极思考，从而受到思维灵活性的训练。

第三，让孩子经常处在问题之中。思维是从问题的提出开始的，接着便是一个问题的解决过程，所以说问题是思维的引子，经常面对问题，大脑就会积极活动。当孩子爱提各种各样问题的时候，家长要跟孩子一起讨论、解释这些问题，家长的积极主动对孩子影响很大。如果遇到自己也弄不懂的问题，可以通过请教他人、查阅资料、反复思考获得答案，这个过程最能提高孩子的思维能力。

激发孩子的创新思维

创新思维是指对事物间的联系进行前所未有的思考，从而创造出的新的思维方法，是一切具有崭新内容的思维形式的总和。一切需要创新的活动都离不开思考，离不开创新思维，可以说，创新思维是一切创新活动的开始。孩子的创新思维需要从小培养，他们的思维具有极强的可塑性，使孩子处于萌芽状态的创新能力得到发展是家庭教育的一项重要任务。

具体说来，家长可以这样做。

第一，引导孩子敢于表现自己。创新是一个表达自主想法的过程，只有勇敢地把自己的想法表现出来，不拘泥于习惯的做法，才可能在今后的学习、社会竞

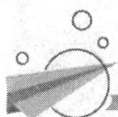

争中表现出与众不同的创新意识。为此，家长要有意识地培养孩子敢于表现自己的能力。比如，家长可以经常带孩子参加一些人数比较多的活动，让孩子勇敢地去表演一个节目，或主动向其他人表达自己的看法。这样做能为孩子创新思维的培养奠定一个很好的基础。

第二，兴趣是创新思维的发动机。大科学家爱因斯坦曾说："兴趣是最好的老师"，当孩子对某件事物有了浓厚的兴趣时，就会主动运用各种感官去看、去听、动口说、动脑想、动手操作，孩子探索的兴趣越浓，就越能充分调动其创新思维的积极性。

第三，鼓励孩子的实践活动。只有在各种实践活动中，孩子的创新思维才能体现出来，家长要有意识地培养孩子的动手能力，鼓励孩子参加实践行动。比如家长可以和孩子一起动手做他们喜欢的东西；一起研究钥匙机器人、变形金刚等拼装玩具……与此同时婉转地指出孩子哪里做得不好，进一步培养孩子的创新思维。

第四，学会欣赏孩子的作品。孩子眼中的世界是极为精彩的，他们展现自己的心灵世界的方式也是极为丰富的，作为家长，要学会认真聆听孩子的心声，学会欣赏孩子的每一次表现，哪怕是一个小小的有创意的变化、一句新的词语、一首不成调的歌曲，都要真心地发出赞叹。那样，孩子会很开心，"创作"的灵感就会源源不绝。

帮助孩子打破思维定式

所谓思维定式，就是按照积累的思维活动经验教训和已有的思维规律，在反复使用中所形成的比较稳定的、定型化了的思维方式。

有这样一个著名的试验：把六只蜜蜂和同样多的苍蝇装进一个玻璃瓶中，然后将瓶子平放，让瓶底朝着窗户。结果发生了什么情况？蜜蜂不停地想在瓶底上找到出口，一直到它们力竭倒毙或饿死；而苍蝇则会在不到两分钟之内，穿过另一端的瓶颈逃逸出去。

帮助孩子冲破思维定式，家长可以这样做。

第一，和孩子一起质疑旧观念。时代在发展，人们的知识也在不断地更新，一些以前根深蒂固的旧观念，其实是不正确的，但它们却制约着孩子的思维。比如"天下乌鸦一般黑"，以前没有任何人会怀疑乌鸦是黑色的这个概念，但是现在，国内外有许多报刊报道说，在世界不少地方都发现了白乌鸦。以前千真万确的事情，现在却被颠覆了。因此，要帮助孩子打破思维定式，就要从怀疑旧观念、发现新事物开始，让孩子多读书、多了解社会，不要拘泥于条条框框，要敢于质疑。

第二，鼓励孩子坚持己见。要想让孩子突破思维定式、鼓励孩子独立思考、坚持己见是一个关键环节。

物理学家福尔顿，由于研究工作的需要，测量出了固体氦的热传导度，但他测出的结果，比过去理论上计算出的数字大出 500 倍。

福尔顿大吃一惊："这差距也太大了！"

该不该把这一结果公之于世呢？福尔顿想，如果将它公之于世，有可能引起科学界的轰动，但也可能会被人认为是标新立异、哗众取宠，以致招来一大堆怀疑、非议和指责。想来想去，福尔顿迟疑了——算了吧，何必自己去招惹那么多麻烦呢？于是，他把这一研究成果放在了一边。

可没过多久，一位年轻的美国科学家，在实验时也测出了固体氦的热传导度，而且和福尔顿测出的结果一模一样，丝毫不差。一阵惊喜过后，这位年轻的科学家，采取和福尔顿截然相反的态度，很快将它公之于世，并马上引起了科学界的广泛关注和赞誉。更为可贵的是，这位科学家并没有就此止步，而是继续推陈出新，创造出一种全新的测量热传导度的方法。

听说此事后，福尔顿痛心疾首，追悔莫及。他慨叹道："如果我当时除去'习惯'的帽子，打破思维定式，那个年轻人绝不可能抢走我的荣誉。"

对于福尔顿来说，这显然是一个悲剧。当福尔顿发现固体氦的热传导度的时候，如果他能够突破思维定式——人们会认为他哗众取宠，遭来非议，那么也许他会取得新的科学研究的高峰，但是他被自己的思维困住了，不敢坚持己见，反而让年轻科学家占了先机。因此，家长在帮助孩子摆脱思维定式的时候，一定要让孩子敢于坚持己见，学会独立思考，不要盲目从众，畏首畏尾。

火车能跑多快我就会有多快！
——效果甚好的"随机教育"

美国家庭教育实例

麦克：10岁，喜爱自然、物理，爱思考。
路易：36岁，波士顿大学毕业，银行职员。

在一次旅行中，麦克毫不费力地就掌握了一个物理学原理。

坐在火车车厢里的麦克指着窗外说道："那些树木在飞快地向后面跑，爸爸。"

"不，那不是树木在向后跑，而是我们坐的火车在向前跑。"路易笑着对儿子说。

"不，我认为我们坐的火车并没有动，而是窗外的树木。"麦克天真地说："因为我在这儿坐了很久了，但并没有发现火车有什么变化，反而发现外面的东西都变了。这不是说明窗外的东西在动还能说明什么?"

"那么,假如现在你不在火车上而是在窗外的话,你会怎么想呢?"

"这个嘛……"麦克想了想说,"我也一定会向后跑,就像那些树木一样。"

"你能够跑那么快吗?"

"是呀,我能跑那么快吗?这可有些奇怪了。"麦克充满疑惑地说。

"虽然你不能回答这个问题,但我仍然向你表示祝贺。"

"什么?祝贺我什么?"

"你今天发现了一个物理现象,当然应该祝贺啦。"

"我发现了一个物理现象?"麦克不解。

"你刚才发现的,正是一个参照物的问题。"于是,路易耐心给他讲解,"你之所以说窗外的树木在向后跑,是因为你把火车当成了参照物,也就是说相对于火车来说,树木的确是向后移动了。反过来,如果把树木当成参照物,火车就是向前跑了。"

"噢,我明白了。怪不得我会认为火车没有动呢!这是因为我把自己当成了参照物。火车带着我向前行驶,我们一起在运动,当然就不会感到它也在动!"麦克说道。

"那么,把你放在窗外会有什么效果呢?"父亲问道。

"嗯,假如我站在窗外的地面上并以我自己作为参照物的话,火车就是运动的了。"麦克回答道,"假如仍然以火车作为参照物的话,我就是和树木一样在向后飞跑了。"

"那么,你能跑那么快吗?"父亲又一次问道。

"当然能,因为这是相对的,火车能跑多快我就会有多快。"

给中国父母的教育建议

像上面教育实例中的路易一样,随机向孩子传授一些科学知识,或者是解答

186

孩子由所见所闻而提出的问题,是美国家长提高孩子智力和见识的一种常用方法。运用这种方法,不仅可以情景交融、用实实在在的例子启发孩子深入思考,而且可以使孩子在轻松愉悦的氛围中增长知识。

创造随机教育的机会

家长要尽可能给孩子一些和自己一起的机会,别让孩子学校、家里两点一线。比如,和孩子一起去市场买衣服、搭车旅游、去影剧院看电影或者去市场买菜等。这些时间就给家长提供了亲子交流和对孩子随机教育的机会。这些时间里,家长都可以引导孩子接触社会、了解生存常识,学习生活技能,学会随机应变的能力。这些知识是孩子在一个群体里不能完全掌握到的实践方面的知识。

允许孩子的奇思妙想

一个妈妈在给孩子读故事,刚开始读"有一天,一只可爱的小花猫拎着篮子到地里去拔萝卜……"时就被孩子打断了,孩子问:"妈妈,猫咪又不吃萝卜,她拔萝卜做什么?"面对孩子这样的问题,你的反应会是如何?是训斥孩子,让他好好听故事,还是和孩子一起讨论一下猫咪和萝卜的问题?后者的做法是明智的。每个幼儿都是独特的个体,常常有意无意地从日常生活经验中创造新意义,表达自己看待事物的独特角度和认识。家长要最大限度地理解他们的这种需要,尊重他们的这些想法,这样就能催发他们心灵深处的智慧种子。也许这个问题没有答案,但是这样的随机教育会让孩子学会探索,学会发现,收获到更多。

和孩子一起分享成果,给孩子鼓励

不能说每次随机教育孩子都能收获成果,但是如果孩子有了成果,那么家长就要和孩子一起分享,给孩子一定的鼓励。比如,孩子跟着妈妈去买菜,看着标签,不会计算价钱,在经过妈妈的引导后,很快掌握了方法,那么下次去的时候,如果孩子能够很快算出来,家长就要给予鼓励。这种鼓励是对孩子的肯定,会大大增强孩子学习的积极性。

人是由猴子变来的，对吗？
——认真对待孩子提出的各种问题

美国家庭教育实例

汉森：9岁孩子的父亲，图书管理员。

李德：旅美华人，汉森的好友，有一个7岁的女儿。

　　一天，汉森正在与李德就孩子爱提问题这个话题进行讨论，李德说："小孩子有时真的很烦。他那张嘴整天都没有停过，叽叽喳喳不停地问这问那，我的头都快要被他吵炸了。"

　　就在此时，汉森的儿子走了过来。他手里拿了一本达尔文进化论的少儿读本，书中用生动的笔调描述了生物进化的过程，并且配有极为有趣的插图。

　　"爸爸，进化论中说人是由猴子变来的，这是对的吗？"儿子问道。

　　"我不知道是否完全对，但达尔文的理论是有道理的。"

　　"可是既然人是由猴子变的，那么为什么现在人是人，猴子仍然是猴子？"儿子问。

　　"你没有看见书里是这样写的吗？猴子之中的一群进化成了人类，而另一群却没有得到进化，所以它们仍然是猴子。"汉森说道。

　　"这恐怕有问题。"儿子怀疑地说。

　　"什么问题？"

"既然是进化论,那么猴子们都应该进化,而不光是只有一群进化。"

"为什么这样说?"

"我觉得另一群猴子也应该得到进化,变成一群能够上树的人。"

这时,坐在一旁的朋友脸上流露出极不以为然的神色,他的眼神似乎在说:"看你有多大的耐心。"

"那是不可能的,因为事实上猴子当中的一部分没有得到进化……"汉森说。

"为什么?"儿子仍然不放过这个问题。

于是,汉森只能尽自己所知向他讲明其中的原因:"据我所知,一群猴子由于某种原因不得不在地面上生存,它们的攀缘能力逐渐退化,而又学会了直立行走,经过漫长的进化变成了人类;另一群猴子仍然生活在树上,所以没有得到进化。"

"我明白了。可是为什么要进化呢?如果人能够像猴子那样灵活不是更好吗?"儿子又开始了另一个问题。

"虽然在身体和四肢上猴子比人灵活,但人的大脑是最灵活的。"汉森说道。

"大脑灵活有什么用呢?又不能像猴子那样可以从一棵树跳到另一棵树上。"儿子说道。

"身体灵活固然好,但只有身体上的优势是远远不够的。大脑的灵活才是最重要的,因为只有这样才能创造出文明。"

"为什么要创造文明?"儿子问道。

"因为文明代表着人类的进步。"汉森说道。

就这样,儿子的问题一个又一个地如潮水般涌来。他的很多问题在成年人看来是非常可笑且毫无根据的,但即使这样,汉森也尽力不让他失望。

"我真佩服你的耐心。"李德笑着说道。

汉森说："其实也并非我的耐心比其他人好，只不过我认识到认真回答孩子问题的重要性。因为只有这样才能够培养起他的究理精神，而不是将这宝贵的品质抹杀掉。"

给中国父母的教育建议

汉森的儿子的确是一个酷爱提问的孩子，面对孩子的提问，汉森的态度非常正确——"认真回答孩子的问题非常重要，只有这样才能够培养起他的究理精神，而不是将这宝贵的品质抹杀掉"，用这样的教育态度培养出来的美国孩子有什么不同呢？

还记得 2008 年的世界金融危机吗？这场世界金融危机是由美国造成的，2008 年，美国由于"两房"信贷把华尔街大亨拖入金融泥沼，随即美国各地房价大跌。至今，美国的房价都在谷底徘徊。当时，有一个美国某部的大部长召开记者会，一个 11 岁的小记者追问 60 多岁的大部长：父母的存钱都拿去买高价房，没有钱买玩具，怎么把房价降下来？小孩子的一个问题让所有外国记者吃惊！部长非常赞许地点点头，字正腔圆地回答了孩子的问题。

这样的孩子在中国恐怕很少，追根溯源，两个国家的家长在面对孩子提问时的态度就有所不同。许多中国家长容易"不耐烦"、"不懂装懂"，给孩子造成许多负面的影响。

那么，如何正确面对孩子的提问呢？

明白孩子为什么爱提问

孩子从 3 岁开始，就很爱问为什么，而且孩子的提问千奇百怪、五花八门，经常会弄得年轻的父母焦头烂额，但孩子还是一个劲地问。例如，为什么有的动物生活在陆地上，有的生活在海洋里？为什么长颈鹿的脖子那么长？……事实上，孩子之所以爱提问，有两方面原因：一方面是由于孩子具有一颗强烈的好奇心，他们希望从提问中满足他们好奇的需求；另一方面则是由于在孩子心目中，父母

无所不能，在他们看来，父母是他们的"百科全书"，孩子可以从父母那里寻求到自己想知道的一切东西。当我们知道了孩子为什么提问后，就会重新思考、检讨如何对待孩子的提问了。

耐心对待孩子的提问

孩子爱提问是好现象，说明孩子具有学习意识。父母一定要耐心，不要轻易打断孩子的问题。无论孩子的问题让你多么心烦，也不要有厌恶的言行，这样会挫伤孩子的探知欲，甚至使他们丧失进取心。确实很忙时，可以告诉孩子："妈现在很忙，等妈妈忙完了再回答你的问题好吗?"要知道，大人们回答问题的方式、语言甚至技巧，将会对孩子今后学习、智力开发等产生决定性的影响。

切忌"不懂装懂"

遇到回答不上的问题，父母千万不要胡乱解释或搪塞了事。先承认自己不知道，然后引导孩子和自己一起去寻找答案，或者参阅一些相关书籍，或者向别人请教。这样做的目的一是让孩子明白，个人能力是有限的，父母也有不懂的时候。二是以身作则，培养孩子的诚实品质。三是告诉孩子，了解事物的途径有多种多样，每个人都要尽可能地通过各种途径学习。

回答问题要"实话实说"

许多父母都忌讳回答一些敏感的问题，尤其是涉及性。殊不知这样会造成孩子错误的认知，影响他长大后的思维。其实孩子对事物的了解只需要一个雏形，父母只需用适合他年龄的词语简单回答就可以了。譬如父母在亲吻被孩子看见，他也许会问："爸爸你在做什么?"父亲可以大大方方跟孩子说："爸爸喜欢妈妈，所以吻吻她。爸爸也同样喜欢宝宝。"说完也在孩子脸上亲一下，让孩子明白亲吻是一种爱的表现，而不是什么丑恶的事。这既简单而诚实地解答孩子的问题，既避免了尴尬，孩子也能接受。

我画得怎么样?
——兴趣是孩子学有所成的根本

里昂: 小学生,对数学特别感兴趣。

安迪: 里昂的父亲,原来是律师,现在是工程师。

里昂的父亲安迪原本是一位律师,但他始终对制作各种机械和研究怀有浓厚的兴趣。强烈的科学欲望,促使这位父亲放弃了优厚的工作待遇,开始了漫长的工程师生涯。

里昂的父亲极其聪明,全然不受传统约束,对待科学问题具有敏锐的观察力。这种观察力同时影响着他对孩子的教育。

一天,安迪往花瓶里插了一束金菊,让儿子作静物写生。里昂屏气凝神,对着窗台上的金菊看了很久,最后动笔开始"画"。

过了一会儿,父亲回来看了看里昂的画纸,竟然发现白纸上是一大堆几何图形:三角形、圆形、梯形……里昂的画独特极了!他用几何图形构图、绘制他的作品。

里昂忐忑地问父亲:"我画得怎么样?"

父亲拥抱里昂说:"你画得太好了!"

里昂的父亲没有责备他画得像或者不像,而是非常高兴,他从里昂的作品中,窥探出儿子具有不可多得的数学天赋。

从那以后,里昂的父亲决定在数学方面对里昂进行精心培养,帮助里昂发展他的兴趣和特长。在父亲的不断鼓励和支持下，小里昂对数学的兴趣更加浓厚了。

给中国父母的教育建议

作为家长，你是否关注到孩子具有某些兴趣和特长？你的那一点关注，可能正在影响着孩子的兴趣发展和成长。常言道，兴趣是最好的老师。大多数人都承认，兴趣之于学习有非常重要的作用。美国家长就非常重视对孩子学习兴趣的培养，他们善于从生活的点滴中发现孩子的兴趣和特长。浓厚的学习兴趣可以激发孩子对学习的热情，使其能主动地克服各种困难，全力以赴地实现自己的愿望。

积极发现孩子的兴趣

一些专家认为，孩子的学习能力发展水平由 8 个系统组成，具体表现在以下方面。

注意力：比同龄孩子注意力持续得更久，看自己喜欢的电视或听自己喜欢的故事时聚精会神，不容易因周围的事物分神。

记忆：教他唱儿歌、识字、算术都学得很快。

语言：比别的孩子说话早，词汇量更丰富，能区别词汇间微妙的差别，并用其来更准确地表达意思。比同龄孩子更早会用抽象意义的词，比如"可是"、"即使"。善讲故事，甚至自己会编故事。

空间排序：喜欢把玩具分门别类地收拾起来。外出很少迷路。很早就能识别各种平面和立体的形状。擅长拼图游戏。

时间排序：对"今天"、"明天"、"刚才"之类表达时间的词掌握得比同龄孩子更早。比同龄人更早按时间顺序来讲一个故事。

运动：动作协调性好，平衡能力强，手指的精细动作更灵巧，比同龄孩子更

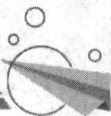

早学会拿剪刀剪纸、握笔，等等。

抽象思维：擅长归类、总结、推理等，逻辑性很强，学数学觉得很容易。

社交：能自然大方地跟别人交谈。在同龄小朋友当中很合群。有领导才能，能提议和组织大家一起玩一个游戏。遇到问题，比如想借别人手里的玩具玩，或是受了别人欺负，能很快想出办法解决。喜欢他的人很多，而他喜欢的人也很多。

家长可以从这八个方面来观察孩子，发现孩子的兴趣和特长。

另外，需要家长注意的是，孩子也可能经常从一个兴趣转移到另一个兴趣，对遇到的所有新鲜事都想试试，这时妈妈一定要耐心。兴趣多样化表明孩子有好奇心，而好奇心是学习的最强动力，但是这些兴趣，并不一定能全部转化为独特的才能。刚开始的几次尝试可能只是孩子的检测期。

创造条件，让孩子发挥所长

发现了孩子的兴趣与特长后，就要创造条件，保持这些特长的发展。有特长的孩子会有更多的机会获得成就感，无论滑冰还是画画，音乐还是运动，当通过自己的努力取得了进步，或在竞赛中取得了成绩，他就有更多的机会认识到自己的能力，从而产生自信，也就有了更强的继续发展动力。

适时给予孩子真心、具体的表扬

不要小看孩子，他们很擅长区分真诚的鼓励和虚假的表扬。没有付出努力就得到的表扬，犹如建在沙上的房子，没有根基，反而会降低孩子对自己的期待。表扬具体化，孩子才能确切地知道自己哪一方面值得肯定。比如，夸奖孩子"你跳舞的动作很优雅，手和身体的动作都和音乐很合拍！"或者说"你很有艺术天分，画里的细节和颜色搭配都很出色！"而不是笼统地说："你真棒。"

爸爸，快看，教堂上的尖塔！
——支持孩子在玩中学

美国家庭教育实例

文森特：9岁，喜欢发明创造。
马汀：文森特的父亲，眼镜店职员。

文森特小时候，父亲马汀曾拿回一些旧的眼镜片，里面有近视和老花镜片，这些镜片成了小文森特最好的玩具，因为他对新奇的事物一向都很感兴趣。

小文森特拿起这些镜片，放在眼前看来看去，不一会儿，就感觉晕乎乎的！他又开始尝试把镜片放在离眼睛远一点的地方观察，结果发现透过这些镜片，物体的形状发生了改变。小文森特又尝试将两个镜片叠在一起观察，他这么做，纯粹是因为好奇和好玩。当他一手拿着近视镜片，一手拿着老花镜片，一前一后地放在眼睛前面观察时，他突然发现远处教堂大楼上面的尖塔竟然像在他的眼前！

这一发现让小文森特惊奇不已，他大叫起来："爸爸，快来看哪，教堂上的尖塔！尖塔！"

就这样，小赛德兹在爸爸的引导和帮助下，开始逐步了解望远镜的原理，并亲自动手制作了一架简易望远镜。虽然小文森特制作的第一架望远镜相当简陋，但它远比世界上任何一台望远镜都更有意义。

给中国父母的教育建议

美国家长非常支持孩子玩，因为当孩子玩的时候，他就是在学习。玩耍和学习就像培育在肥沃土壤中的两颗种子，紧密相连、不可分割。

佐伊的家住在离海边不远的地方。小时候，她就喜欢和海边的孩子一起玩，看大海的潮起潮落；喜欢捡贝壳、抓海蟹，在海边建筑沙堡。

一天，佐伊和小伙伴利萨尔一起堆沙堡，沙堡堆得很高，她们俩想给沙堡开一个大门，让螃蟹住在里面。

两个小家伙，开始用小手掏沙堡，打算抠出一个洞来。她们从最上面开始掏，没掏几下，"哗啦"，沙堡塌了，佐伊和利萨尔赶紧将沙堡补好，然后又在原来挖过的地方重新挖了起来，没几下，沙堡又塌了。这回，佐伊开始觉得哪里可能不对，她决定换一个位置挖试一试，这次她们俩选择从沙堡的根部开始挖洞。佐伊决定这么做不是没有根据的，她有自己的理由，因为所有房子的门都是开在下面的！

就这样，佐伊和利萨尔使劲地掏啊、掏啊，终于掏出一个大洞。佐伊想把洞扩大一点儿，因为这样，即使大一点的动物也能住在里面。她小心翼翼地扩大沙洞的空间，不断地从沙堡上面的"墙壁"往下抠沙子。不幸的是，沙堡再一次坍塌了！而且这次坍塌得很厉害，她和利萨尔一个下午的杰作就这样毁于一旦。

佐伊和利萨尔并没有灰心，她们约好明天再来搭沙堡。通过今天的"劳作"，她们大概了解了给沙堡挖洞的一些小窍门：上边的沙子不能太薄；不要把洞挖得太大，这样会塌掉；也不要在沙堡的顶端挖洞，因为那里的沙子很少，不结实，容易塌。她们两人准备明天按此做新的尝试。

佐伊和利萨尔在游戏中，通过自己的不断尝试，寻找最好的方法，在这个过程中，他们通过对比、判断和分析，总结出什么方法好、什么方法不好。这不就是学习的过程吗？

玩耍同正式教育一样重要

美国科学家的一项试验证实：让 100 名婴儿玩一种带有铜腿的红盒子，盒的顶部有一个直棍子，拨动棍子，盒子的四壁就出现图画。5 年后，常玩此游戏者显示出较多的创造性和好奇心；而不常玩此玩具的男孩没有强烈的好奇心和冒险精神，不常玩此玩具的女孩则表现出一些个性问题，在适应社会方面遇到一些困难。专家们的解释是：好玩是人的天性，在人生的最初几年间尤其如此，玩耍时孩子的大脑敏感锐度显著增强，对渗透于其间的知识特别容易接受。玩耍对智能的激发作用最强，因而可收到事半功倍的效果。

所以，家长要让孩子尽情地玩耍，孩子游戏时会有主动性和愉悦性的体验，在这个过程中，学习和掌握东西最为轻松，也最为有效，而且，这样的学习不会让孩子感到枯燥、厌烦，可以提高孩子学生时代直至成年后的学习兴趣和学习能力。

使孩子玩有所得

关于玩耍的种类和方式，可根据孩子的年龄有选择性地或交替地进行，专家们推荐如下几种。

感官刺激型：如看颜色形态、听声音、尝味道等使孩子得到感官方面的锻炼，进而刺激大脑的发育。

运动型：跳、蹦、追逐、打闹是对肌肉、骨骼、手眼以及四肢协调最好的运动，可促进孩子包括大脑在内的全面发育。

语言表达型：如朗读、唱歌、绕口令等既是对声音的锻炼，又是对语言的练习。

竞赛型：如引导孩子进行赛跑、捉迷藏等，对孩子的体格、智能与心理发育都很有意义。

智力型：如讲故事、猜谜语、玩智能玩具等，这对智力发育有着不可替代的促进作用。

在孩子玩的过程中，家长最好要主动热情地参与，因为成年人的参与对孩子能起到"催化"作用，不仅能为孩子提供玩耍的素材与方式，还能在孩子产生新想法时给予鼓励与帮助。同时，家长也要合理安排好玩的时间，不能因玩耍而影响吃饭、睡眠等正常活动，确保孩子身心全面发展。

你阅读的越多，你就越聪明！
——让孩子拥有浓厚的阅读兴趣

美国家庭教育实例

吉姆·特里西斯：美国著名的教育专家。

吉姆·特里西斯是美国颇有影响力的家庭教育推广专家。在加利福尼亚州的一次演讲中，吉姆发表了一段大胆的言论："你阅读的越多，你就越聪明；你越聪明，学业上就越有大的发展；学业上越有大的发展，你挣的钱就越多！因此，阅读是我们人类最重要的一件事。"

吉姆不仅是这么讲的，也是这么做的。吉姆有两个小孩，女儿叫伊利莎白，儿子叫吉米。在他们很小时，吉姆就给他们朗读适合他们年龄阶段的书籍，和他们一起看图画，读他们喜欢的各种故事。

吉姆之所以这样做，来自于他在童年时期阅读中所获得的美好感受。父亲每天都给吉姆读书，当时正值美国经济大萧条的20世纪40年代，虽然吉姆家境较困难，但父亲还是坚持给他订了好几种儿童杂志和一些报纸，读书陪伴吉姆度过了无忧无虑的童年。通过阅读杂志和报纸，吉姆打开了通向未来世界的钥匙。因为阅读，吉姆的内心有了求知的渴望，同时，养成了他多年以来坚持不懈读书的好习惯。

吉姆在教育研究中发现，很多父母给孩子读书，或每天仅在睡前给孩子读几分钟的故事，只是为了让孩子安静地上床睡觉，这些家长的理由是："孩子太小了，他们根本听不懂！"但事实上，阅读除了能帮助孩子学习知识、发展思维和想象力外，更是一种习惯，而这种习惯通常会伴随孩子一生。

给中国父母的教育建议

学习最重要的技巧之一就是阅读。相关的阅读教育研究表明：儿童的阅读能力与未来的学习成绩密切相关。也就是说，阅读兴趣的浓淡、阅读能力的强弱是孩子学习成绩优劣的先决条件。培养孩子的阅读兴趣、训练孩子具备一定的阅读能力，有可能使孩子在学习中具有较强的竞争能力，获得优良的学习成绩。那么，家长应该如何培养孩子的阅读兴趣呢？

有选择地为孩子挑书

我们所处的时代是一个知识爆炸的时代，只有有选择地阅读才真正对人有益，对孩子选书更是如此。

第一，选内容健康的书。孩子正在身心发育时期，给其所看的书，首先要有利于身心健康。要选择格调高雅、催人奋发向上、有利于形成正确人生观世界观、有利于提升人格品位的书。细心的家长在孩子读书前最好自己先浏览一遍。

第二，选程度适当的书。孩子读书，因为现有知识水平、思想水平、思维能力的限制，不可能什么都会读，什么都能读懂。家长在选择课外读物时，一定要考虑到这一点。一般以学校课本的深浅程度为标准，进行比照选择。

第三，选有用的书。人在干事时，只有目标明确，才能自觉地不畏艰难地干

下去，孩子读书也一样。他只有明确读书的目的，才会自觉自愿地去读书。让孩子看书后有所得、有所想，这样，他才能领悟书的妙用，从而更加喜欢看书。

第四，选满足孩子兴趣需要的书。在这一点上，家长不要有太功利的思想，认为读了哪本书就非得学到点什么。家长除了需要对真正有害于孩子的书刊进行控制外，不应对孩子所读书刊的内容、类型和范围进行人为的约束和控制。

多带孩子到阅读场所

家长要多带孩子到阅读的场所，如书店、图书馆等，也可以为孩子在少儿图书馆办一张读书卡。另外，在家里，家长还可以给孩子准备一个书架，专门摆放孩子的图书，并且把各种书都贴上标签，比如圣经故事、科学入门、童话传说等都分类放进去，让孩子把它当做自己的小图书馆。这样做对培养、巩固孩子的阅读兴趣有极好的作用。

家长要成为孩子读书的伙伴

身教重于言教，只有热爱读书的家长才能培养出爱读书的孩子。家长首先要喜欢阅读，懂得阅读的方法，了解书籍的内容，这样才能指导孩子阅读，用自己的行为潜移默化地带动孩子阅读。

我会好好认真数的！
——提高孩子学习的专注力

美国家庭教育实例

芬尼：9岁，小学生，上课容易开小差，注意力不集中。

芬尼上课总是不能够专心听讲，爸爸妈妈就在生活中锻炼她的专注力。

这天，芬尼要搬新家了，她存了一大罐子的硬币，爸爸妈妈和芬尼商量，让她将这些硬币拿到银行兑换成纸币。芬尼想到能换成一张面额极大的钞票，欣然应允了。

现在的问题是，要将硬币数出来。这么多硬币让一个人数，时间要很久。爸爸妈妈建议将硬币分成三份，爸爸、妈妈和芬尼各负责数一份。

芬尼负责的那堆最小，不一会儿，她还是数累了。她开始东张西望，把刚刚数的给忘了。结果，芬尼又重来一遍。芬尼偷偷地看看爸爸妈妈，发现他们两个人干得可认真了，一枚硬币、一枚硬币地数，一边还在纸上记着数字。芬尼不想记，她嫌这样太麻烦。

最后，当爸爸妈妈都数完时，芬尼才数了一点点。爸爸妈妈指出芬尼慢的原因，干活时总是开小差，不认真。芬尼认识到了自己的问题，说："我会好好认真数的。"最后，她终于将她的那一堆硬币数出来了，三个人的硬币加在一起，总共是 362 美元 5 美分。

之后，爸爸妈妈对芬尼说："学习和做事都一样，要专心，否则前功尽弃。"

给中国父母的教育建议

无论是美国家长还是中国家长，都会碰到学习不专注的孩子。美国家长面对这样的孩子是怎么做的呢？他们会找到孩子不专心的原因，然后在生活的细节中帮助孩子纠正这一坏习惯。中国家长也可以这样做。

找出孩子不专心的原因

在影响孩子学习成绩的心理因素调查中，上课走神、不专心听讲是重要原因。

一般老师讲课都是提前设计一种情境，把新旧知识连贯起来，并以抛砖引玉的方法来吸引学生，使学生在学习的过程中增强学习兴趣。如果错过了这个机会，过后即使再重学几遍，也不如在课堂上听老师讲的效果好。因为课堂上老师通过提示、诱导，师生互动，知识信息接收得既顺利又快捷，而自学往往会有枯燥、乏味的感觉。所以说，在课堂上能否注意听讲，对孩子的学习成绩有很大影响。

那么，是什么原因能引起孩子走神呢？

第一，家庭因素。家庭生活中的一些事情能经常引起学生情绪不稳定，成为上课不专心的因素。

雨欣最近上课总是走神，因为家里发生了一些事情——最疼爱他的奶奶去世了。

由于父母的工作关系，雨欣从小就跟着奶奶生活，直到上了初中爸爸妈妈才把他接到城里。奶奶由于突发性脑出血去世，给了雨欣特别大的打击，他一直不能接受这个现实。

这天正在上语文课，老师在朗读朱自清的《背影》："那年冬天，祖母死了，父亲的差使也交卸了，正是祸不单行的日子……"

这句话又勾起了雨欣对奶奶浓浓的思念之情，眼前老师的形象越来越模糊，他似乎看见了奶奶，看见她给自己洗头；看见她在灯下缝补；看见她在灶台上炒菜……

"雨欣，请你回答这个问题！"老师的声音打断了雨欣的思绪。

雨欣不知所措地站起来，他根本没听到老师说了些什么，红着脸对老师说："老师，能重复一下你的问题吗？我刚刚没有听见……"

老师停顿了一下，说："下课后到我办公室来一下。夏雪，你回答这个问题！"

下课后，雨欣不好意思地走进了老师的办公室。

"雨欣，你最近怎么回事儿？上课老是走神？已经有不少任课老师跟我反映这个问题了!"老师生气地问。

"我……前两天，我奶奶去世了……"雨欣说着，眼泪忍不住流了下来。

老师听完雨欣的话，明白了大概，他安慰了一番雨欣："老师理解你的心情，可是雨欣，你想，如果奶奶还在世，她希望你上课老走神吗?她一定希望你认真学习，将来做个对社会有用的人，对不对?"

雨欣用力点点头，哽咽着说："我知道，老师，我以后会注意的!"

家中亲人的去世让故事中的雨欣上课走神了，除此以外，还有一些家庭因素会影响孩子上课的注意力。例如，有的学生的父母思想观念守旧、落后，总以一种高高在上的长辈姿态说教孩子，不能与孩子平等相处，缺乏平等、和谐的心理沟通，不能成为孩子的知心朋友。这样家庭中的孩子，在生活中有很多心里话无处诉说，总觉得父母不理解自己。因此，常在课堂上因为不顺心的事而分散注意力。有的孩子因为父母吵架、离婚，自己的心情陷于孤独、苦闷之中，对学习失去了信心，人虽然在课堂上，但是心不知道想些什么；还有的学生，家庭生活条件非常优越，生活没有压力，但学习不求进取，这样的学生想着玩儿的事多，想着学习的事少，因此在课堂上他们更容易走神。

第二，学习目的不明确。一个人的一切言行都受到大脑的支配，凡是学习目的明确、学习成绩好、有强烈责任感的孩子都能注意听讲，学习积极努力。他们不是不知道清闲和玩儿的快乐，而是因为他们所想的是自己的尊严，还有理想中的目标。遇到困难时，表现出极大的自制力和顽强的拼搏精神。相反，没有明确学习目的的孩子，他们的心理状态是随意性大、缺乏计划、心中没有长远的目标、学习比较被动、遇到困难就退缩、没有克服困难的决心、不知道学习是为了什么。因此在学习过程中精力不集中，自然会出现听课走神的现象。

第三，师生、同学之间的关系。在学习生活中，不融洽的师生、同学关系也会成为课堂上走神的因素。例如，有的学生对某学科的任课教师有意见，在这个

老师上课的时候，他就会产生厌烦情绪，不愿意听这个老师讲课。

把孩子的专注力"拉回来"

第一，营造稳定的生活环境。家长要用平等、尊重的心态和孩子多沟通、多交流，家庭氛围要和谐稳定，尽量减少争吵，遇到一些家庭变故，一定要及时疏导孩子的内心负面情绪，不要让它影响孩子的学习。条件比较优越的家庭要多关注孩子平时的行为，以防孩子因为玩乐而耽误学习。另外，家长要多和学校联系，看看孩子与老师、与同学之间的关系如何，如果有问题及时解决。稳定的人际环境能够给孩子一个好的学习氛围，减少走神情况的发生。

第二，帮助孩子树立一个明确的学习目的。一个人在生活中必须有一个远大的理想，学生要有明确的学习目的，否则在学习过程中，容易出现精力不集中、走神或者厌烦、困倦等现象。只有当孩子明确了学习目的的时候，才能不知疲倦，克服各种各样的困难。家长要让孩子明白，为了使他能够适应未来社会的生存，必须强化他的学习动机，磨炼他的学习意志，增强他的知识储备和学习的竞争意识，让孩子最终认识到不学习不行。

第三，讲究听课方法。家长要教给孩子一些有助于集中注意力的听课方法。比如，当人们探究、观察那些自己理解的、有兴趣的事物时，较容易集中注意力。反之，则容易注意力涣散。因此，家长要教育孩子，在听老师讲课时，一旦出现任何不理解的环节，不要在这个环节上停留。这个环节听不懂，没关系，接着听老师往下讲课。千万不要被暂时出现的难点挡住，而对下面的知识望而却步，进而允许自己注意力涣散。

第四，关注孩子的情感生活。部分孩子上课走神是因为青春期情感上的问题，家长要从老师、同学等多方面了解孩子目前的情感状态。如果孩子能够控制自己的情感，那么家长也不必为孩子上课偶尔走神而将小事变大；如果孩子的情感已经影响到了正常的学习，那么家长就要循循善诱，和孩子好好交流，把孩子的学习带入正轨。

第八章 关于理财——和财富

一起成长的美国孩子

我知道了，以后我会节制花钱
——让孩子做零用钱的"小主人"

格雷戈里：海明威的小儿子。

欧内斯特·海明威：美国著名作家，代表作有《老人与海》等。

有一段时间，海明威住在加利福尼亚州的太阳谷，致力于小说《丧钟为谁而鸣》的创作，同时，还关心着三个儿子的健康成长。

后来他的小儿子格雷戈里回忆道："那是妈妈和爸爸离婚之后，爸爸带我们度过的第一个夏天。"

住在太阳谷的第一个月，儿子格雷戈里常常告诉海明威，他每天必须拿出时间去做一些有意义的事。后来，海明威才知道，所谓有意义的事不过是喂一些野鸭罢了。

格雷戈里每天都在一家饭店用父亲给的零花钱订一份大餐，然后把这份大餐拿去喂附近池塘里的鸭子，零花钱若是不够了，他就问父亲要，或者自己填写大额的支票。若干年以后，他在《爸爸：一本个人回忆录》中写道："爸爸把我们叫到他的房间里，当时我们十分害怕。虽然他对我们从不发火，但是他严肃的表情让我们感到非常害怕。"

"格雷戈里，管理这个地方的安德森先生是一位好人，"爸爸接着有点生气地说，"他说你这样一个9岁的孩子，每个月在这里花的钱都破纪录了。即使是富翁阿加尔汉的孩子，也没有你花的钱多。"

　　随后，爸爸又严肃地说："如果你还是这样毫无节制花钱的话，那么我们可真的要搬走了。"

　　听完爸爸说的话，格雷戈里的脸一下子红了。不过格雷戈里还是喏喏地问了一下父亲："我知道了，以后我会节制花钱。可是，以后谁去喂那些鸭子呢？"

　　爸爸语气有些舒缓地说："安德森先生并没有让我们必须离开这里，他只是让我和你谈谈。所以，以后你不要在支票上填写那么大的数额。更不要无缘无故地大把花钱。从下个月开始，我会限制你花钱，每个月300元以内。听着，格雷戈里，这就意味着你以后不能再毫无节制地乱花钱了。"

给中国父母的教育建议

　　几乎每个美国家长都会给孩子零用钱，不过在给零用钱的时候，他们有自己"独特的规矩"！

给零花钱的原则

　　第一，何时开始给孩子零花钱。孩子年龄不同，对金钱、数字概念的认知不同，所以美国家长给孩子零花钱时，应先考虑孩子的成熟度及需要。对5岁以下的孩子而言，零花钱的意义并不大；6岁左右的孩子，则可考虑给予他小额的零花钱，让他学习金钱的运用及了解金钱的价值；对七八岁的孩子来说，金钱已较具有意义，可以开始按一定规律给孩子零花钱。

　　第二，举行一个郑重的"仪式"。美国父母在第一次给孩子零花钱的时候，往往会为孩子专门举行一个郑重的"仪式"，告诉孩子，这是他成长过程中的一个重要时刻，意味着父母对他成长的肯定，以及信任和尊重。这样一来会激发出孩子骨子里的一种责任感和使命感，会对零花钱更加重视，并且在使用的时候也会想到父母对自己的期望。

在"仪式"进行的过程中，美国家长会把零花钱、钱包、储蓄罐三样东西一起交给孩子，简单地告诉孩子，钱包里可以放一些零用的钱，储蓄罐里则用来储蓄一定数量的钱。这会让孩子在一开始就有合理分配钱财的概念，等到以后有机会再结合实际情况详细告诉孩子如何精明地花钱、明智地储蓄。

第三，固定发放零花钱的日期。美国家长会在每个月或每个星期固定的日子发放零花钱，这样做可以使孩子"心中有数"，更容易养成计划性用钱的好习惯。他们经常会在每个星期天晚上或星期一发放零花钱，因为如果他们在星期五发给孩子钱，这些钱极有可能在周末就会被全部花掉。

另外，一般来说，美国家庭总是习惯由同一个人给孩子发放零花钱，并且监督孩子零花钱的去向，这样孩子就不必向每个人都"汇报"，这也是防止孩子乘机多要钱的办法之一。

第四，以硬币或零钱的方式给孩子零花钱。在给孩子零花钱的时候，美国家长经常会兑换好硬币，或者一些小额的零钱，这样对于孩子——尤其是性格比较冲动、不太善于自我约束的孩子们，能使他们更清楚自己手里有多少钱，不至于一下子就把钱全部花出去。另外，孩子们也可以很容易地把这些硬币、零钱分别放到储钱罐和钱包里。

第五，零花钱花完后不轻易给孩子追加。孩子们会像家长盼望领工资一样渴望拿到他的零花钱，如果孩子拿到钱后立刻就花掉了，美国家长不会再另外追加给他！他们会直接告诉孩子，他必须等到下一个发零花钱的日子——除非真的有非常特殊的情况，孩子的钱真的不够了，可以酌情而定！

这样做，父母也许时而会听到孩子的唠叨、抱怨，甚至有的孩子脾气一上来会把门摔得砰砰作响，但这种状况不会永远持续下去——孩子会明白他们应该得到的钱就这么多。如果家长一旦让孩子觉得每当他的钱花完的时候还会得到更多的钱，那他永远也学不会如何合理支配自己的零花钱。

和孩子订立一份零花钱合同

许多美国家长会和孩子用书面形式订立"零用钱合同"！订立"零用钱合同"

可以通过契约的形式，制止孩子乱花钱，使孩子学会理财，增强了孩子的自我约束意识和自我管理能力。更为重要的是通过"合同"的制约，可以使孩子逐步树立自尊、自立和责任感，促进个性与理财能力的良好发展，并为他们长大独立理财"重合同守信义"打下基础。

那么，美国家长在订立"零用钱合同"时，通常会注意哪些方面呢？

第一，和孩子一起讨论合同内容。零用钱是向孩子灌输经济概念的基础，孩子通过零用钱会深刻领悟到选择和责任的重要性。一般来说，合同内容中主要包括以下几个内容：零用钱金额；使用计划；支付日期；支付方式；违约条款等。美国家长会和孩子注意讨论，然后用书面形式表达出来，然后双方签字或盖章，一份合约便生成了！

第二，就"未尽事宜"与孩子协商。美国著名的谈判专家哈伯·科恩在他的《协商法则》中写道："协商能力的好坏决定了一个人生活的品质。"这句话是有道理的，实际上，人们每时每刻都生活在协商中，购物的时候和店员讨价还价，工作中和老板谈薪水……因此，一个人若想获得成功，协商能力不可或缺。

"零用钱合同"实际上是一种"协商教育"。它以书面的形式把和孩子约定的零用钱管理原则写出来，而实际的操作中一定会遇到很多问题，比如父母忘了支付零用钱的日子，孩子还没到约定的日子就把钱花光，还有一起出门时，究竟要用自己的零用钱还是父母的钱买东西……这些问题许多时候要遇到的时候才会出现，所以被称为"未尽事宜"，它们都需要通过协商来解决，这是提高孩子协商能力的最好机会！因此，美国家长和孩子订立零用钱合同时，都会写上这一条。

帮孩子建立零用钱记账本

美国家长在给孩子零用钱的同时，通常会告诉他们如何记账。他们一般是这么做的：

第一，给孩子买一个记账本。美国家长会事先给孩子准备好一个账本，让孩子逐笔记录自己的每一笔收入和支出，并在每个月底做一次汇总。这样，孩子对

自己的财务状况就能了如指掌。

第二，教孩子列"对账表"。美国家长会教孩子列对账表，让孩子把预算的金额和实际的金额对照起来。这样做可以让孩子明白预算与实际之间的差额，提高以后购物时的预算水平。

对账表列出之后，美国家长会引导孩子对自己的收入、支出做出分析，想想哪些支出是必需的，哪些支出是可有可无的，哪些预算是合理的，哪些预算是不合理的……进一步提高孩子的理财能力。

第三，让孩子养成保留小票或发票的习惯。在记账的过程中，为了便于记明详细，美国家长会建议孩子养成保留购物小票和索要发票的习惯。这样，什么时候购的物，购买货物的数量和价格都清清楚楚，记起账来也清楚明了。

第四，定期督查孩子的记账行为。美国家长在引导孩子记账时，会注意定期查看，提醒孩子要坚持。记账是一件繁琐的事，需要坚持才能见效。只有付出耐心和细心，并把记账变成一种习惯，才能真正做到清楚理财、明白用钱。而这一点，离不开家长的监督和引导。

储蓄真的能让钱越来越多吗？
——从小养成孩子储蓄的好习惯

美国家庭教育实例

圣诞节的一次抽奖让7岁的贝克得到了一笔不小的钱——200美金。贝克一下子得了这么多的钱，母亲艾莉看在眼里，心里琢磨着："这不是让孩子学会储蓄的好机会吗？"于是，她问贝克："贝克，妈妈教你一个让钱越变越多的方法，好不好？"

"好！"贝克相当兴奋地回答。

艾莉说："把钱存到银行里，钱就会越来越多，就像变魔术一样，大钱也会生出小钱来。"

贝克感兴趣地说："真的吗？储蓄真的能让钱越来越多吗？"

艾莉点点头，然后具体给贝克解释了储蓄的相关细节。

吃过早饭过后，艾莉带着有关证件，领着贝克一起到银行去，帮贝克办理开户手续。贝克把钱拿出来的时候还依依不舍的，艾莉再三鼓励贝克，告诉他 100 元钱存 3 个月，就会有点利息。这样，钱就越来越多了。

在银行里，贝克像大人一样领取办理业务的序号，然后在艾莉的指导下，在开户表上填上名字和存款的数额，办了一个定期存折。当贝克看到银行阿姨给的存折上有自己的名字时，非常兴奋。

从此，贝克一有零花钱，就存到账户上。慢慢的，账户上的钱越来越多，等到放暑假的时候，贝克取出一部分，跟爸爸妈妈一起去旅游了。

每到年底的时候，贝克就和艾莉一起拿出存折来算利息，看看自己又多了多少钱。贝克有了这个账户，俨然像个小大人一样，神气十足地盘算着自己的买书、购物、旅游计划。

给中国父母的教育建议

理财的一个重要方面就是储蓄，生活中的每一个人都离不开储蓄，人必须学会为未来打算，未雨绸缪，或者为某一特定目的积攒一定的钱。孩子最初并不懂得储蓄的概念和意义，这就需要家长来担任告知的角色，培养他们的储蓄意识。美国家长在这一点上做得很好，那么，中国家长在培养孩子储蓄习惯时，要怎么做呢？

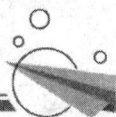

告诉孩子必须知道的储蓄知识

在孩子准备储蓄的时候，家长要告诉他们下面的一些储蓄知识。

第一，利息计算。

计算利率的基本公式是：利息＝本金×存期×利率，储蓄存款利率分年利率（％）、月利率（‰）两种。利率在银行会有公示，定期储蓄存款未到期全部提前支取的，按支取日挂牌公告的活期储蓄存款利率计付利息，部分提前支取的，按活期储蓄存款利率计付利息，其余部分到期时按原存单所定利率支付利息。逾期部分按活期储蓄存款利率计付利息。定期存款在存款期限内遇利率调整，仍按存单开户日所定利率计息。

第二，储蓄种类。

活期储蓄：该储种适应有零星开支的储户使用。1元起存，由储蓄机构发给存折。存折记名，可以预留密码。存折遗失可以挂失。开户后凭存折可以随时存取，可在联网的电脑储蓄所通存通兑。从国家开征利息税后，活期存款这种方式最为方便，而且利息最低。

定活两便：该储种既有定期之利，又有活期之便，安全方便，适合对存期不确定的储户使用。起存金额一般为50元，存单分记名和不记名两种。尽量使存款期达到一定标准，如3个月、6个月、1年等，上述各档次均不分段计息，但如果达不到，就会使利益收入大大减少。

整存整取：该储种适合存款期限确定的储户，存储既安全又获利。起存金额一般为50元。存期分3个月、6个月、1年、2年、3年和5年几种。本金一次存入，由银行开具存单，到期后一次性取出。这种存款方式的最大好处是利息较高，倘若提前支取，银行会按活期存款利息付息。

零存整取：简称零整储蓄，适合定期存入一定金额，到期一次提取本息的定期储蓄。该储种适合居民每月节余款项存储，以达到计划开支的目的。其存款利率分别高于活期和定活两便储蓄。一般以5元起存，存期分1年、3年、5年三种，中期有漏存，应该在下月补存，如果没有补存，到期支取时按实存金额和实际存期计算利息。

另外，还有"存本取息定期储蓄"和"个人通知存款"，但这两种存款方式孩子还不会接触到，所以不详细讲述。

开立孩子的第一个储蓄账户

什么时候适合给孩子开一个独立的储蓄账户呢？一旦孩子攒到了大约 100 元钱，此时家长最好建议他开立一个自己的储蓄账户！下面是一些注意事项。

第一，事先了解适合孩子的储蓄方式。银行以前没有专门为孩子设计的储蓄业务，有的家长把孩子的钱用自己的名字存起来，时间一长不知道这笔钱怎么就花了，这很不利于培养孩子的理财观念。现在，有许多银行拓展了这方面的业务，18 周岁以下的孩子只要持户口本，即可到银行储蓄柜台开户，办理储蓄业务。家长可以事先了解一下这方面的信息，选择最适合孩子的银行和储蓄方式。

第二，"挑日子"去银行。建议家长带着孩子去开立他的第一个银行账户的这天最好是星期天，或者是其他休息的日子，因为这样家长才能保证自己有时间让孩子自己填写申请表内的全部或大多数内容，如姓名、住址与电话号码等。等办理好之后还要教会孩子存款、取款，最后让孩子独自一人试操作一次。不要为了"赶时间"而替孩子代劳，对他们而言，这是意义非凡的一次经历。

第三，妥善放置储蓄卡、折。当孩子开立好自己的储蓄卡、折之后，家长要建议孩子放在一个安全的地方——一个孩子能够记住的地方。这件事情最好交由孩子自己来完成，家长不要"指手画脚"，要相信孩子能够妥善保管好它们。

第四，告诉孩子一些"使用细则"。给孩子开立了储蓄账户之后，还要告诉孩子一些使用细则，比如每周或每月让孩子自己存上 5 元或 10 元；规定他每次花钱时使用量不准超过账户的 30%，这样孩子买东西时就会开始精打细算；告诉孩子，他的账户里的钱还必须尽一些义务，如过年过节时给爷爷奶奶等买些小礼物，这样孩子还会想应省些钱做别的用途。如此从小练习，孩子的储蓄意识将不断

强化。

引导孩子合理使用自己的积蓄

孩子的储钱罐、储蓄账户里有了钱，数字越来越大，这时候，孩子就有了自己的积蓄。如果一直让孩子不断地积蓄，而不让孩子去花，他们可能会对积蓄失去兴趣。所以，在孩子有了一定的积蓄后，还是要让孩子有花钱的权利。

引导孩子合理地使用自己的积蓄，有非常重要的意义。一方面，孩子可以通过花钱来实现自己的愿望；另一方面，孩子通过支配自己的积蓄，可以养成控制购买欲及合理花费的良好习惯。

一般来说，孩子的钱这么花是比较合理的。

第一，买书籍。书籍是传播知识的途径，可以帮助孩子开阔眼界、增长知识。家长可以让孩子用自己的钱购买一些书籍，让孩子养成与书为伴的好习惯。另外，书籍也可以与其他小伙伴们交换阅读，增进彼此的情谊和知识。

第二，捐款。孩子所积攒的钱，父母可以让他们拿出一部分做慈善，这能让孩子从小就懂得助人为乐，懂得分享快乐。

第三，给长辈们送小礼物。在一些特别的日子，孩子可以用自己的零花钱给长辈们送礼物，这非常有意义，因为这培养了孩子敬老的美德。

第四，储蓄和投资。孩子的钱当然不能全部花掉，应该把一部分做固定的储蓄，一部分拿出来投资，这样做才能让孩子的财富源源不断，细水长流。

1 磅铜的价格是多少?
——培养孩子的赚钱意识

美国家庭教育实例

卡尔·麦考尔:麦考尔公司的董事长,从小跟着父亲学做生意。

林肯·麦考尔:卡尔的父亲,很有经济头脑的犹太人。

1946 年,年轻的犹太人卡尔·麦考尔跟着父亲林肯·麦考尔来到美国,在休斯敦做铜器生意。

一天,父亲问卡尔·麦考尔:"1 磅铜的价格是多少?"

卡尔·麦考尔回答说:"35 美分。"

父亲说:"对。整个得克萨斯州都知道每磅铜的价格是 35 美分,但作为我的儿子,你应该说 35 美元。你试着把 1 磅铜做成门把手看看。"

20 年后,父亲死了,卡尔·麦考尔独自经营着铜器店。他做过铜鼓、做过瑞士钟表上的簧片、做过奥运会的奖牌。他曾把 1 磅铜卖到 3500 美元,这时他已是麦考尔公司的董事长。

然而,真正使卡尔·麦考尔扬名的是纽约州的一堆垃圾。

1974 年,美国政府为清理给自由女神像翻新扔下的废料,向社会广泛招标。但好几个月过去了,仍然没人应标。正在法国旅行的卡尔·麦考尔听说后,立即飞往纽约。看过自由女神像下堆积如山的铜块、木料后,卡尔·麦考尔未提任何条件,立即就签了字。

纽约许多运输公司对卡尔·麦考尔的这一愚蠢行为暗自发笑。因为在纽约，垃圾处理有严格的规定，弄不好就会受到环保组织的起诉。就在一些人要看他的笑话时，卡尔·麦考尔开始组织工人对废料进行分类。他让人把废铜熔化，铸成小自由女神像；把木头等加工成底座；把废铜、废铝做成纽约广场的钥匙。最后，他甚至把从自由女神像身上扫下的灰尘都包装起来，出售给花店。

不到3个月的时间，卡尔·麦考尔让这堆废料变成了350万美元的现金，每磅铜的价格整整翻了1万倍。

卡尔·麦考尔经常说："这个世界上没有什么垃圾，在我眼里，只有黄金!"

给中国父母的教育建议

犹太人用敲击金币的声音迎接孩子的出世，赚钱是他们人生的终极目标，至于教育、学习都是为了达到这个目标必须经历的过程。在中国，其实大多数家庭的孩子上学读书，也是为了将来能够赚钱生活；目的一样，但方式不同，效果也就大不同。所以，家长从现在开始要改变自己的观念，赚钱，要从娃娃抓起，长期的赚钱技巧与意识的培养，绝对会让孩子胜人一筹。

打工是孩子赚钱的不错选择

如果将巧取豪夺排除在外，世人积累财富无非是通过打工、创业和投资三种途径。对于有钱人家的孩子来说，创业和投资当然是用钱生钱更有效的方法。但是，对于白手起家、家境一般的孩子，打工则是赚钱的直接方法。

很多成功人士在读书的时候就有自己赚钱和打工的经历。这些通过假日赚钱的经历，既丰富了他们的生活，又增加了收入，为他们日后挣更多的钱做了预演。

第一，帮助孩子选择一份工作。对于打什么工，有的孩子很有主见，有的孩子比较懵懂，无论是哪一种，家长都要给孩子一些中肯的建议，因为孩子涉世未深，没有什么社会经验，有时候不能作出最好的选择。家长要根据孩子的年龄、能力、性格、喜好等情况，帮助孩子找到一份适合他的工作。

第二，保护孩子的合法权益。尽管孩子是打工，不是一本正经寻找工作挣钱，但是，也要注意保护好孩子的合法权益。根据有关规定，兼职的工资不得低于本地小时最低工资标准。此外，用人单位也不得收取定金、保证金或扣留身份证等。如果与用人单位发生纠纷，家长应及时寻求相关部门的帮助。

第三，安全最重要。赚多少钱或者能力得到多少锻炼都是额外的，孩子外出打工的前提条件是一定要保证安全和健康。建议孩子不去比较偏僻的地方，女孩子尤其要注意，要让孩子随时让身边的朋友知道自己的地址与电话，手机要随时携带，避免发生危险。

适合孩子的赚钱方式

那么，适合孩子赚钱的方式有哪些呢？

第一，照顾宠物。不少家庭都喂养有宠物，常见的有猫、狗、小鸟之类。这些宠物通常都是需要精心照料的，一些名贵的品种尤其如此。而孩子们通常对饲养宠物颇有兴趣，家长不妨把照顾宠物的工作交给孩子来做。这样既能使孩子更为细心周到，也有利于培养他们的爱心。只是工作的范围要根据孩子的年龄和能力来安排。如，较小的孩子可以帮忙遛遛狗或在家长的指导下为宠物添加食物，而稍大的孩子才能较好地独自为宠物洗澡和喂食。

第二，卖花。在某些特定的时间，卖鲜花是很好的挣钱方式。比如，在情人节的时候卖玫瑰，在母亲节来临之际卖康乃馨，此时这些鲜花的价格较高。在平时也可以做一些出售鲜花的工作，此时品种和地点的选择就比较关键了，比如在影院门口向恋人们推销玫瑰，或者在春季向女士们出售清香的茉莉花串或栀子花。卖花看似简单，其实也不是一件轻而易举的事。鲜花是很娇嫩的，照顾不周很容易让出售者遭受损失。

第三，卖贺年卡。在春节、元旦、圣诞之类的节日，人们通常会向亲朋好友赠送贺年卡，而学生们则更为热衷于这类事情。因此，在节日前后出售贺年卡也

是一种不错的小生意。要是孩子能自己动手制作一些形式新颖的贺年卡，则这个生意就显得更有意义了。

第四，为自行车加气。这是较为简单的挣钱方式。不过还是需要一定的观察力和判断力，以便选择一个较好的位置，以保证有较多的人来光顾。同时，也需要一些耐心，并且要准备好经受风吹日晒。做这件事不必有多少技能，只要准备一个加气筒即可，不过还可以准备一些气门芯，因为需要加气的自行车往往都用得着这种小零件。

第五，擦洗自行车。做这种工作要比单纯地为自行车加气多费一些力气，要脏一些、累一些。也正因为付出的劳动较多，挣的钱也会多一些。这个工作所需的技能也不多，只是要细心、周到才能让顾客满意。做这件事要选择一个用水方便的位置。要注意的是，准备一些顺手的工具可以达到事半功倍的效果。

第六，散发广告传单。散发广告传单是如今一些企业的宣传方式之一，特别是在开展销会时，参加展销会的企业几乎不可避免地要请许多人来做这项工作。孩子们可以到各种展销会上去和企业联系，而有的企业也会在报纸或别的什么地方做广告，招聘散发广告传单的工作人员。这项工作难度不大，但通常企业都要求应聘的人至少是高中生，而且个子较高、五官端正，不过若企业经营的产品是针对未成年人的，则又另当别论。

第七，卖报纸。送报纸赚的只是跑腿的钱，而卖报纸则是直接从经营之中获利，但其利润是微薄的。卖报纸不需要什么高深的学问，但是也需要一些技巧。比如卖报纸的地点和时间都是影响经营状况的重要因素。车站、码头通常是卖报纸的好地方，不过竞争也比较大；至于时间，众所周知，过期的报纸几乎与废纸无异。另外，若卖的是日报，则早上的生意会比下午要好得多。卖报纸也是一件辛苦的工作，要早早起来排队取报，还要经受风吹日晒，孩子们可以在假期里尝试一下。

教孩子"变废为宝"

每个家庭都会有一些废旧物品，有的家庭把这些物品当成垃圾一起扔掉了，有的家庭把旧东西堆在某个角落，长期不用。其实，很多被人们忽视的废旧物品还有再利用的价值，如果把这些废旧物品卖掉，说不定还会有一笔不小的收入呢。

有一次，吉米向爸爸要钱："爸爸，能不能再给我点儿钱，班上有同学过生日。"

爸爸说："不能。你每个月的零花钱是固定的，不能随便给你加钱。"

没有钱，吉米怎么办呢？他想到了自己用过的旧玩具和家里的傻瓜相机。那些玩具都放了很多年了，虽然还有八成新，但一直没有人玩。家里有新的数码相机，原来的傻瓜相机也没有用了。吉米就把相机和玩具用数码相机拍成照片，并把这些照片发到网上拍卖。

爸爸觉得吉米的这种做法很不错，但认为他可能卖不掉。但是，令爸爸吃惊的是，没多久，吉米的货物就交易成功了，吉米因此得到了100多元钱的现金。

那么，在生活中，有哪些适合孩子去"变废为宝"的东西呢？

第一，回收废报纸。家里的旧报纸累积起来可以卖给废品收购站，也可以卖给上门购废旧物品的人，这些报纸送到纸厂化成纸浆又可以制造出新的纸来。家长可以让孩子把家里的旧报纸收拾好，卖掉以后，所得的钱就是给孩子的报酬。这种工作非常简单，却可以让孩子懂得怎样节约资源。

第二，回收旧书。旧书若是当废纸卖未免有些浪费，因为很多旧书其实还是有一定的阅读价值的。如一些名著或工具书，其时效性并不太强，即使旧了，只要价格合理，也有人愿意购买。因而，可以根据书的新旧程度，以及它可能的价值，将其分门别类，摆个小书摊，以低廉的价格出售。实在没有价值的再送到废品回收站。只是这种工作需要卖书的人有一定的眼光，能够比较客观地评价其价值，同时还要有一定的胆识，是很能锻炼人的工作。

第三，回收饮料罐、饮料瓶。这类工作可以仅限于家里，也可以在一定时候

扩展到家庭之外。当孩子年龄较小时，可以让他们将家里的空饮料罐、饮料瓶收集起来卖到废品收购站，或卖给上门收购废旧物品的人。当孩子长大一些之后，可以鼓励他们走出家门，到一些宿舍区去收购，或到某些公共场所收集，然后转卖给废品收购站。这种工作本身比较简单，其难度在于与收购站或收废品的人讨价还价时需要一定的技巧，而得到收入时则需要一定的计算能力，特别是当孩子走出家门时，需要克服对家庭的依赖。

我接触股票已经 10 年了！
——充分利用"近在眼前"的理财课堂

美国家庭教育实例

弗兰克：从小爱看理财节目，对股票投资有自己的心得。
露丝：弗兰克的妈妈，公司职员。

今年才 10 岁的弗兰克，是一名小学生，但他接触股票已有 7 年的时间了。问到股票问题，他像个小大人似的侃侃而谈："要是从胎教算起，我接触股票已经 10 年了。"弗兰克的妈妈露丝是一名公司职员，怀弗兰克时，正值她们公司的股票上市，她每天挺着大肚子整理、审核数据。也许因为她的工作和生活习惯，弗兰克从小就对数据和股票信息非常敏感。

弗兰克出生后，脾气很大，但一打开电视让他听新闻或股票行情，他就会立刻安静下来。在 3～7 岁这几年间，看新闻联播和财经新闻成了弗兰克每天最大的乐趣。此外，在看过这些节目后，父母也经常和弗兰克讨论，并且帮助他操作虚拟的股票，以检验他在股市上的能力。

2004年，股市熊市时，一次，7岁的弗兰克跟妈妈到某游乐场去玩，他发现游乐场的游客非常多，听妈妈说游乐场是某一公司的项目之后，弗兰克就认定它的股票一定会涨。

弗兰克再三要求妈妈买此公司的股票。一开始，妈妈并没有听弗兰克的，直到弗兰克急哭了，妈妈这才买了。没想到，弗兰克的这一建议让妈妈赚到了不少钱。妈妈因此发现弗兰克的眼光有独到之处，以后妈妈和爸爸炒股时都听他指挥。

因为对股票的专注和兴趣，爸爸决定给弗兰克一次实战机会——2007年1月份，爸爸投资1万多元钱作为弗兰克的炒股基金，赚得的钱爸爸和弗兰克二八分成。

拿到爸爸的投资炒股资金后，弗兰克开始买入了自己人生的第一单，他用这些钱购买了几只股票，其中一家公司的股票在购买时是13元多，现在，此股票已上涨到20多元，挣了不少钱。而短短几个月，弗兰克已赚到了自己上小学的学费。

弗兰克并不满足于这些，他想将自己赚得的钱融入他和爸爸的炒股基金中，以此来稀释爸爸的股份，最终获得决定权，以后再要买哪只股票时，可以不通过爸爸的建议就自己直接购买了。

给中国父母的教育建议

美国家长非常重视孩子的理财教育，他们在生活中会充分利用身边的理财课堂，让孩子多看财经类节目、理财类书籍，也会带着孩子参加一些银行举办的活动……中国家长也可以试着这么做。

选择对孩子有益的理财教育书籍

理财教育方面，如果光考虑投资后产生的经济效益，没有比书更好的了。即

使没有父母在身旁指导，只要有一本好书，孩子就可以自己养成正确的金钱观和花钱的习惯。然而，挑一本好书有时候比选美比赛中当裁判还要难，孩子是否有兴趣？孩子是否能读懂？这些都是家长需要考虑的。

第一，选择合适的与理财有关的书籍。小学低年级是孩子形成金钱观的重要阶段，父母可以为孩子选择漫画书或者故事书，这样孩子既学会了理财，又感受到了趣味。

进入小学高年级，孩子可以接受真正的理财教育，父母可以进行第二阶段的理财教育，对孩子灌输正确的价值观，告诉孩子他们在人生道路上可能遇到的关于钱的问题：赚钱、攒钱、分享财富、消费、借钱。这时候仍然要选择比较浅显易懂的书籍，不过不用拘泥于漫画和故事，最重要的是孩子感兴趣，家长可以带着孩子一起去书店挑选。

如果孩子上了中学，那么就可以用灵活的方式和孩子谈职业方面的问题，让孩子接触基础理财知识的书籍，它能够让孩子在今后面对社会时有所准备。

第二，和孩子一起看书。家长可以安排时间和孩子一起看书，在孩子兴致很高的时候，与孩子交谈书里的内容。

第三，让孩子试着写读书心得。读书是将书里面的内容转变为生活智慧的过程，而读书心得可以进一步提高读书的效果。家长可以让孩子用简单的日记来记录书名、作者、开始阅读的日期与读完的日期，然后再加上自己的读后感。这个方法不但能够达到理财教育的目的，更可以训练孩子养成正确的读书习惯。

第四，自创小游戏。等孩子读完书，对"钱"的概念有了新的理解后，家长可以从书中延伸出一些小游戏，通过共同完成这些游戏，来进一步帮助孩子建立正确的财富观念。如通过"逛超市"游戏，来培养孩子如何用钱交易；通过"大富翁"游戏，来引导孩子理解怎么挣钱，又该怎么花钱，什么是"储蓄"以及"消费"和"投资"的区别等更深奥的话题。

让孩子常看理财类电视节目

当家长明白了理财教育的重要性之后，到底应该怎么教孩子，教什么给孩子，这是所有父母都必须面对的问题。其实，有一本好教材可以帮助父母解决苦恼，那就是财经类节目。

孩子对金融产生好奇的时候，最常问的问题就是"为什么"，而理财类节目正好可以解决这样的提问，因为它报道的都是发生在我们身边的经济现象，通过财经类节目，可以让孩子明白，理财教育并不是抽象的理论，而是融入自己生活的、非常熟悉的存在。孩子通过财经类节目，确认所学的理财知识，并将这些知识运用在生活里，这样才能真正达到理财教育的目标。

第一，家长要做孩子的好榜样。让孩子看理财类电视节目之前，家长一定要先为孩子做好榜样，让孩子看见父母也在看理财类节目。如果父母当着孩子的面，一拿到遥控器就看体育频道、电视剧频道，孩子怎么可能对经济感兴趣？教育不能只通过说教，而要通过行动来进行。

第二，给孩子挑选合适的节目。要让孩子爱上看理财类节目，那么就一定要给孩子挑选他们看得懂的、有趣的节目。一些儿童频道会有财经类新闻，在播报的时候，主持人会采取简单易懂的词语来介绍，家长可以从这个节目开始，逐渐让孩子过渡到成人看的财经类节目。在收看成人的财经类节目的时候，要注意给孩子多解释，和孩子多讨论，这样才能让孩子的兴趣一直保持下去。

第三，让孩子不仅要"学"，也要"用"。看了理财类节目，获取了理财知识之后，更重要的是如何去把学到的知识应用到生活里。家长可以把节目中的各种经济数据、物价等情况，与自己家的经济情况做个比较，这样能起到现场理财教育的效果。

带孩子参加规范的理财活动

随着家长越来越重视理财教育，许多针对孩子的理财活动也逐渐频繁起来，各种经济团体、企业与银行界常常举办各种理财活动。这种活动的优点是不会强迫孩子，也不是灌输式教育，而是通过丰富的游戏和活动，让孩子自己逐渐懂得或体会理财活动的意义，同时在短时间内提高经济意识。虽然只是短时间的体验，却能让孩子对经济和理财产生兴趣，并会影响孩子日后的思考和行为。

　　小菲的爸爸为她报名参加了某银行组织的理财活动。

　　这天，小菲早早地来到了活动场地，一来她就被眼前的场景惊呆了！

　　"这不是超级大富翁吗？"小菲惊讶地说。

　　场地被主办单位装扮成了大富翁游戏的样子，只不过是超大版的真人秀，孩子们可以亲手掷大色子，开始自己的金融游戏。

　　活动开始了，主持人讲了一些活动的规则，大体和大富翁游戏一致，小菲兴致勃勃地玩了起来。

　　在游戏中，小菲了解了储蓄与投资的差别、股份和保险、贷款利率对照表、复利利息等概念，银行事先准备了浅显易懂的知识卡片，让孩子在遇到这些概念的时候能够用最快的速度来理解。

　　小菲为了赢得游戏，选择了投资回报率高的项目，在这之前，她已经储蓄了很久，但是因为意外，她投资的项目价格下滑，蒙受了巨大的损失，小菲亲身体会到了管理金钱的困难和重要性。

　　为了挽回局面，小菲尝试着借钱，了解了债务的可怕，还好，最后的结果是小菲并没有破产，整个过程让小菲倍感精彩。

　　一次好的理财活动，能够让孩子经历他们平时接触不到的经济规律，扩展孩子的经济思维，家长应该多支持孩子参加类似的活动。

　　第一，谨慎选择主办单位。要达到预期的效果，家长必须让孩子参加正规、规范的经济活动，而要做到这一点，最重要的是选好主办单位。选错了活动主办单位，有可能花了钱让孩子白费工夫，甚至造成安全危机。家长在选择主办单位的时候，首先要注意主办单位的背景。家长可以先登录主办单位的官方网站，也可以打电话多询问一些具体问题，比如之前有没有举办过理财活动，效果如何，费用如何，一个老师带几个学生，相关医疗安全措施如何，意外发生时有没有应急措施，有没有加入意外险，等等。选好了主办单位，参加理财活动不仅能够成为他们的"美好回忆"，更是他们日后的宝贵资本。

第二，在生活中延续活动。理财活动不是一次就能够达到预期效果的，除了要多参加活动外，更好的办法是让孩子在生活中延续活动。例如，鼓励孩子在自己的博客里，发表自己在活动中的经历和照片，以及通过活动学到的知识在生活中的应用，让孩子好好发挥那些学来的宝贵经验，使理财活动在生活中得到延续。

唉，早知道昨天就抛了！
——告诉孩子，可以爱财，但不能贪心

美国家庭教育实例

洛奇：喜欢金融投资，从小就热衷于股票。
约翰逊：洛奇的父亲，资深股票经纪人，从事股票行业30余年。

约翰逊是靠炒股发家的，他非常重视对儿子洛奇的理财教育，在洛奇14岁的时候，就让他开始接触股票，参与股票的买卖。

一天，约翰逊看着洛奇在研究股市。之前，洛奇在1.9美元的时候购入了某公司的股票，下载盘面上是2.1，约翰逊看看洛奇，洛奇没有抛售。过了一会儿，股票跌到了2.0，约翰逊看着洛奇咬了咬牙，但是他依然没有抛售，说："等等看，也许明天还会涨一点。"

第二天，洛奇又坐到了电脑前，这时候的股票跌到了1.9，与买入时的价钱一样，儿子懊恼地说："唉，早知道昨天就抛了！"

"你现在也可以抛啊！"约翰逊说。

225

"现在抛，之前的工夫不就白费了吗?"洛奇摇摇头，始终没有抛。

第三天，刚开盘，股票就跌到了1.8，一开始洛奇还不甘心，不肯抛售，坚持到下午，看着它一点点跌到了1.4，终于，洛奇绷不住了，他伤心地抛掉了自己的股票，算了一算，自己损失了好几百美元!

约翰逊摸着洛奇的头，深有感触地说:"欲望是很诱人的，而机会却稍纵即逝。如果不懂得在最佳时刻收网，一心只想得到更多的利益，那么很可能连最初的利益都得不到。不管做什么事，不能太贪呀!"

给中国父母的教育建议

美国家长在对孩子的理财教育过程中，一定不会忘了告诫孩子不要一味贪财。财富对人的诱惑是无形的，它让人们趋之若鹜。正所谓:"人为财死，鸟为食亡。"大人们在面对股票疯涨的时候，尚且按捺不住投资的心情，更何况初涉股票的孩子? 然而，如果一味贪财，便只会看到有利方面，而看不到潜在的危险，有可能最后失去很多。所以，爱财可以，但不要太贪。

在中国古代的民间故事中，就有很多因贪财而失去财富的故事。其中，有一则讲的是贪财的弟弟因贪心而落得两手空空的事情。

从前，有一对兄弟，父母早亡。成年后，兄弟俩依靠替人干苦力活儿才各自成了家。

有一天，哥哥很早起床，到外村去帮人干活儿。走到村口的土地庙前，听到里面有"哗啦"、"哗啦"的声音。哥哥感觉很好奇，便走了进去。原来是土地公公在数银子。

哥哥磕头说:"您在数银子，能不能给我两锭呢?"

"给你两锭? 没关系，拿去吧!"土地公公给了他两锭银元宝。哥哥喜不自禁，千恩万谢地拿着银子回家了。

哥哥用这两锭银子做本钱，经营起一个小店铺。他做生意老实厚道，童叟无欺，生意渐渐地好起来，生活过得有滋有味。

哥哥看到弟弟还在替人卖苦力，日子过得紧巴巴的，很不忍心，便把自己得银子的经过告诉了弟弟。第二天一大早，弟弟就来到土地庙前，等听到土地公公数银子的时候，便跑进去，请土地公公也给自己两锭银子。

"送两锭给你？可以，拿去吧！"土地公公也给了弟弟两个银元宝。但是，弟弟感到不满足。他想，有这么好的机会，为什么不向土地公公多讨些银子呢？那样不就可以比哥哥生活得更逍遥自在了吗？想到这，弟弟磕头说："土地公公，我脱下衣服。你可以送一包给我吗？"

"送一包给你，可以呀！"土地公公给了弟弟一堆银子。

"土地公公……要不我回家去担个箩筐来，你送一担给我吧！"弟弟的贪心更大了。

"送一担给你？你去担箩筐来吧。"

弟弟听了，赶忙回家取箩筐。他用箩筐装了满满一担银子，用帽子盖得严严实实，欢天喜地地担回了家。一到家，弟弟迫不及待地掀开草帽。刹那间，夫妻二人都愣住了，箩筐里装的不是白花花的银子，而是一堆石头。

在这则故事中，哥哥的要求不多，在得到了银子之后努力劳动，赢得了属于自己的财富。而弟弟却贪心不足，要求太多，最后连一锭银子也没有得到。

对财富的求取要懂得适可而止，不能一味贪多，贪心不足，往往失去的会更多。孩子在理财的过程中，对外界事物容易抱着美好的幻想，很难抵制来自金钱的诱惑，家长这时候一定要起到"刹车"的作用，教会孩子及时收手，在面对欲望时要保持清醒的头脑，做到理性理财，理财有度。

汽车怎么可能不是我们的？
——提醒孩子：金钱不等于财富

斯科特：学生，兄弟姐妹5个，家境贫寒。
鲍伯：斯科特的父亲，证券交易所职员。

第二次世界大战前，有这样一个家庭，父亲鲍伯是个职员，整天在证券交易所那如同"囚笼"般的办公室里工作，还要把一半工资用在医药费以及给比他们还穷的亲戚。母亲常安慰5个孩子说，"一个人有骨气，就等于有了一大笔财富。在生活中怀着一线希望，就等于有了一大笔精神财富。"

几星期后，一辆崭新的别克牌汽车在大街上那家最大的百货商店橱窗里展出了。这辆车将以抽彩的方式馈赠给得奖者。惊喜来临了，当扩音器里大声叫着鲍伯的名字、明白无误地表示这辆彩车已属这个家所有时，他们简直不相信这是事实。

鲍伯开着车缓缓驶过拥挤的人群，但他却很不高兴。儿子斯科特无法理解父亲的感情，去问母亲，母亲却似乎非常理解鲍伯，安慰儿子说："你父亲正在思考一个道德问题，我们等着他找到适当的答案。"

"难道我们中彩得到汽车是不道德的吗？"斯科特迷惑不解地问。

"汽车根本不属于我们，这就是问题的关键。"母亲回答。

斯科特歇斯底里地大叫："哪有这样的事？汽车怎么可能不是我们

的？汽车中彩明明是扩音器里宣布的。"

"过来，孩子。"母亲温柔地说。桌上的台灯下放着两张彩票存根，上面的号码是 348 和 349。中彩号码是 348。

"你看到两张彩票有什么不同吗？"母亲问。斯科特看了好几遍，终于看到彩票的角落上有用铅笔写的淡淡的 K 字。

"这 K 字代表凯特立克。"母亲说。

"吉米·凯特立克，爸爸交易所的老板？"斯科特有些不解。

"对。"母亲把事情一五一十地跟斯科特讲了。

当初鲍伯对吉米说，他买彩券的时候可以代吉米买一张，吉米咕哝说："为什么不可以呢？"老板说完就去干自己的事了。过后可能再也没有想到过这事。348 那张是凯特立克买的，现在可以看得出来那 K 字是用大拇指轻轻擦过，正好可以看得见淡淡的铅笔印。

对斯科特来说，这是一目了然的事情。吉米·凯特立克是一个百万富翁，拥有十几辆汽车，他不会计较这辆彩车。"汽车应该归爸爸。"斯科特激动地说。

"你爸爸知道该怎么做的。"母亲平静地回答斯科特。

不久，斯科特听到父亲进门的脚步声，又听到他在拨电话号码，显然电话是打给凯特立克的。第二天下午，凯特立克的两个司机来到斯科特家，把别克牌汽车开走了，他们送给鲍伯一盒雪茄。

直到斯科特成年之后，他才有了一辆汽车，随着时间的流逝，母亲的那句"一个人有骨气，就等于有了一大笔财富"的格言具有了新的含义，回顾以往的岁月，斯科特终于明白，鲍伯打电话的时候，是他们家最富有的时刻。

美国家长在教育孩子时，特别注重告诉孩子一点——金钱却不等于财富。他们要孩子明白，金钱只是物质财富的一种，除了要追求物质财富，满足自己生活的需要外，更要懂得追求精神财富，只有拥有精神财富的人，才是真正富有的人。

在中国，许多父母需要注意的是，不要一味地用金钱和物质来满足孩子，要多注意孩子的精神需求，让孩子明白，金钱不代表财富，它不是万能的。

用名人实例充实孩子的精神世界

抽象地告诉孩子"精神财富"是多么可贵，可能孩子一时不能够理解，家长这时候不妨借助名人的力量，用名人的实例来让孩子明白这个道理。许多名人，像马克思、居里夫人等都曾经生活在一个相对贫困的环境，可是，他们都有一个人生目标，他们为实现自己的人生目标付出了努力，并感受到了成就感，所以他们是富有的。一个个鲜活的实例，一定能够让孩子对财富的理解更深一层。

不要用金钱来鼓励孩子

孩子是纯洁的，最初在他们的眼中，一颗钻石和一颗玻璃珠是等价的，当成人告诉他们或者表现出来"钻石更可贵"时，它们在孩子的眼中才有了分别。精神财富和物质财富也一样，孩子一开始并不会特别看重物质，往往是大人的表现使他们养成了这样的习惯，其中最重要的一点就是大人总是用金钱来鼓励孩子。

壮壮的父母是生意人，在家里也表现出生意人的持家风范。每一次客人来了，壮壮的爸爸妈妈都会根据他们礼物的贵重程度来确定招待的隆重与否。如果客人提了很多补品，或者给壮壮买了东西，爸爸妈妈就会好客地把家里的开心果、杏仁端出来，还留客人吃饭，置办丰盛的饭菜。如果客人只拎了一点儿水果，爸爸妈妈就只会泡壶茶，然后坐着干聊。

爸爸妈妈对壮壮大量采用金钱奖励的办法。壮壮考试取得了好成绩，爸爸妈妈就会一次给壮壮200元钱。壮壮过生日的时候，或者每次过年过节，爸爸妈妈都会给壮壮钱。爸爸告诉壮壮："这个世界很多东西都是假的，但到手的钞票却是真的。"爸爸每次做生意赚了钱，就会抱着壮壮亲来亲去，然后分给壮壮几百元。

这些钱，爸爸都让壮壮收起来，买自己喜欢的东西。壮壮对自己舍得花钱，但对别人却是守财奴，一毛不拔。

壮壮把钱看得非常重。有一次，他主动帮爸爸妈妈把皮鞋刷得锃亮锃亮的，当爸爸妈妈高兴地夸壮壮懂事时，壮壮却把手伸得长长的："给钱，两块钱一双。"爸爸妈妈刚开始时还觉得壮壮聪明，次数多了，就不由得为儿子担心了。壮壮对钱十分敏感，如果红包中装200元钱给他，他会马上放进自己的小口袋，然后背着人看看红包里有多少钱，再笑着给鞠两个躬，表示答谢；如果看到红包里装的是100元，他就会鞠一个躬回礼。

有一次，妈妈生病了，爸爸要壮壮吃完饭后洗碗，壮壮当时就问："洗一次碗多少钱？"

那一刻，爸爸气得肺都快炸了，直接问道："我老了以后，是不是要你泡杯茶都要算钱呀？"

壮壮吓得不敢大声回答，却嘟囔着："看在是爸爸的分上，买一赠一。"

爸爸差点儿晕倒。

在父母重财观念的影响下，壮壮变成了一个小财迷。他对金钱的爱好，他对金钱的无知，盖过了他对父母的爱。他与父母之间相处事事讲钱，事事算钱，这样下去，他的亲情观念将会变得越来越淡漠，对他人也会越来越小气了。

父母的理财教育方式会直接地影响孩子的财富观念和金钱意识。如果父母教

育不当，可能会将孩子的思路引向偏激，使孩子不能正确地对待金钱。这样，在以后的成长道路上，孩子可能会成为小财迷，所以家长在对待孩子的理财教育上，应该谨慎从事，既不能过于忽视金钱的作用，又不能过于强调金钱的作用。只有适当、正确地引导，才能让孩子形成健康的理财思想。

其实，当孩子取得好成绩或者有了好的行为时，应选择用拥抱、微笑、赞美等精神性的奖赏来激励孩子，虽然金钱能够刺激孩子的某种行为，但是也强化了孩子的金钱意识，让孩子形成金钱至上的不良思想，以为物质财富等于一切，而忽略了精神财富的获取。因此，父母要小心使用金钱奖励，不能因为高兴或者多发了钱，就慷慨大方地给孩子金钱，也不能因为孩子取得了好成绩就奖励过多的金钱。

事实上，许多孩子刚开始时并不想得到金钱或物质上奖赏，他们更需要的是父母的赏识和关爱。如果父母不懂得这一点，一味地用金钱做奖赏，往往会使孩子对自身价值的认识和感受与金钱联系起来，久而久之，情感世界就会淡漠。而当父母学会用赏识和关爱来奖赏孩子时，孩子则会感觉到他们做得很好，受到了父母的关注，而不会单纯地考虑自己的行为值多少钱。